广东能源发展低碳化转型研究

余冯坚　钟式玉
于文益　刘　凯　陈　凯　| 编著

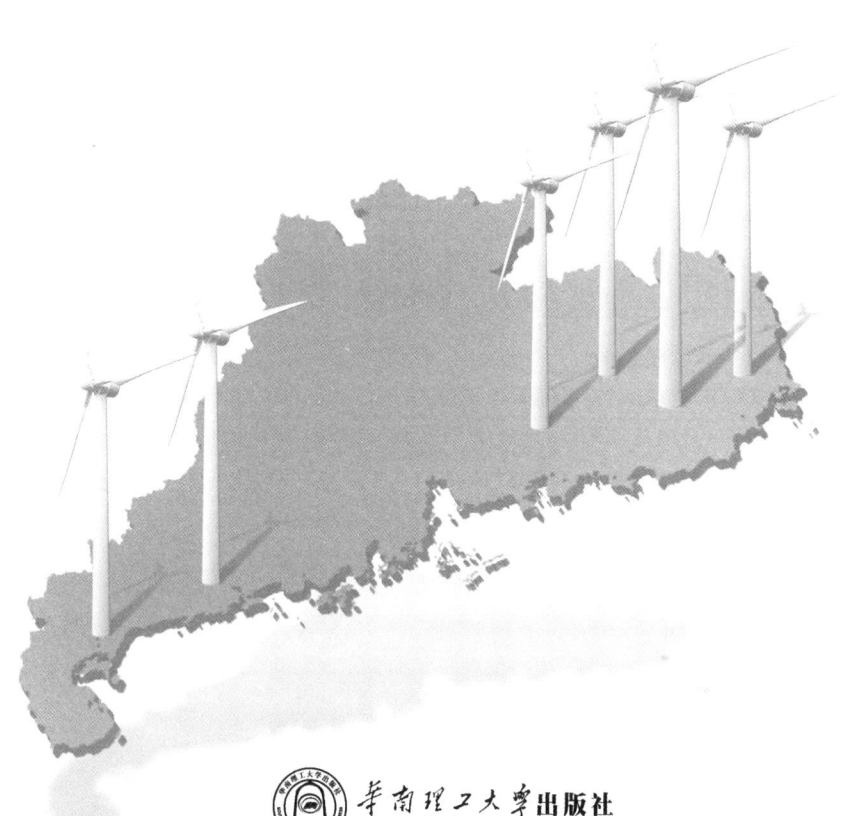

华南理工大学出版社
SOUTH CHINA UNIVERSITY OF TECHNOLOGY PRESS

·广州·

图书在版编目（CIP）数据

广东能源发展低碳化转型研究／余冯坚等编著. —广州：华南理工大学出版社，2019.8

ISBN 978－7－5623－6061－2

Ⅰ. ①广… Ⅱ. ①余… Ⅲ. ①能源经济-低碳经济-区域经济发展-研究-广东 Ⅳ. ①F426.2 ②F127.65

中国版本图书馆 CIP 数据核字（2019）第 152274 号

GUANGDONG NENGYUAN FAZHAN DITANHUA ZHUANXING YANJIU
广东能源发展低碳化转型研究
余冯坚　钟式玉　于文益　刘　凯　陈　凯　编著

出 版 人：卢家明
出版发行：华南理工大学出版社
（广州五山华南理工大学 17 号楼　邮编：510640）
http://www.scutpress.com.cn　E-mail: scutc13@ scut.edu.cn
营销部电话：020－87113487　87111048（传真）
责任编辑：谢茉莉
印 刷 者：广州人杰彩印厂
开　　本：787mm×960mm　1/16　印张：7.5　字数：109 千
版　　次：2019 年 8 月第 1 版　2019 年 8 月第 1 次印刷
定　　价：42.00 元

版权所有　盗版必究　印装差错　负责调换

前　言

能源低碳化转型是世界能源发展变革的必然趋势，也是全球经济社会变迁的现实要求。我国正在深入推进能源生产和消费革命战略，加快构建清洁低碳安全高效的现代能源体系。广东作为我国经济第一大省，也是能源消费大省和全国低碳发展试点省份，研究探讨广东能源发展低碳化转型问题，对于促进能源结构优化调整、提升经济发展效益、应对全球气候变化以及全面推进生态文明建设具有重要意义。

本书在阐述能源转型与低碳化发展的相关理论基础上，全面梳理了世界能源发展的低碳化转型态势及中国、德国、英国、美国等主要国家能源低碳化转型特点。首先，立足广东能源资源基础条件、当前能源系统概况以及近年来能源碳排放的行业构成、区域分布和重点地市碳排放的基本特征，系统分析了广东能源低碳化转型的基础环境。其次，结合能源低碳化转型与能源、经济、环境的关联性，重点分析了广东能源低碳化转型过程中面临的能耗"双控"与经济稳增长、煤炭减量与能源消费需求、天然气扩大利用和价格水平、可再生及新能源利用的政策与经济性等关键现实问题。最后，从广东宏观经济社会发展的总体目标与阶段性特征出发，分高、中、低三个情景，预测分析了广东未来中长期能源消费需求和相应的碳排放水平演变，比较国际碳排放水平并分析广东碳排放达峰预期，初步勾勒了广东能源低碳化转型的总体愿景。

本书分工如下：陈凯编写第一章，余冯坚、钟式玉编写第二章、第三章，余冯坚、于文益、钟式玉编写第四章，余冯坚、刘凯编写第五章，钟式玉负责全书统稿。

特别感谢广东省发改委、广东省能源局等有关部门领导、专家的帮助与支持。书中参考了大量相关文献及数据资料，在此一并表示感谢。

由于编著者水平有限，书中难免存在疏漏与不足之处，衷心希望读者批评指正。

编著者
2019 年 6 月

目　录

第一章　能源发展与低碳化转型 ··· 1
　　第一节　低碳化发展理论 ··· 3
　　第二节　能源与低碳发展的关系 ··································· 5
　　第三节　能源低碳化发展的主要内涵 ······························· 6

第二章　世界能源低碳化转型发展趋势 ·································· 11
　　第一节　当前世界能源发展概况 ··································· 13
　　第二节　世界能源低碳化转型态势 ································· 18

第三章　广东能源低碳化发展基础 ······································ 27
　　第一节　广东能源低碳化资源条件 ································· 29
　　第二节　广东能源发展总体概况 ··································· 35
　　第三节　广东能源碳排放基本特征 ································· 39

第四章　广东能源低碳化转型发展问题 ·································· 49
　　第一节　能耗"双控"与经济稳增长 ································ 51
　　第二节　煤炭减量与能源消费需求增长 ······························ 60

第三节　天然气扩大利用与价格水平 ………………………… 65
　　第四节　可再生及新能源利用的政策与经济性 ………………… 70

第五章　广东能源低碳化发展情景 ………………………………… 75
　　第一节　广东经济社会发展展望 ………………………………… 77
　　第二节　广东中长期能源消费预测 ……………………………… 93
　　第三节　广东能源碳排放情景演变 ……………………………… 104

参考文献 ……………………………………………………………… 111

第一章

能源发展与低碳化转型

近百年来，以全球变暖为特征的气候变化愈加明显。全球气候变暖会带来冰川消融、海平面上升、生态圈退化、自然灾害频发等恶劣影响，将严重威胁到人类的生存与发展。人类逐渐意识到造成全球气候变暖的主要因素就是人类在生产及生活中的高碳排放。要解除这些威胁，人类就必须降低碳排放量，树立低碳理念。正是在这样的大背景下，低碳成为全球发展的新趋势，低碳经济成为解决当前气候变暖问题的有效途径。

当今以工业化为特征的现代社会，世界各国高度依赖煤炭、石油和天然气等温室燃料。高碳能源需求量持续增长，并且存在对资源的粗放式低效利用情况。根据 IEA 预测，2006 年到 2030 年间世界一次能源需求量将增长 45%。基于世界能源储量，全球煤炭和石油在现有开发条件及技术下分别可以供应 167 年和 40 多年。不可再生资源枯竭局面将无法阻挡。世界经济的可持续发展也将受到阻碍。因此，必须建立以"低耗能、低污染、低排放"为特点的低碳经济发展模式，以实现经济社会的可持续发展。

第一节 低碳化发展理论

低碳发展的核心即低碳经济。2003 年，德国政府在能源白皮书《我们能源结构的未来》中首次提出"低碳经济"这一概念，着力于解决不断恶劣的气候和资源匮乏的问题，它表达了德国政府建立低碳社会的决心。2007 年，前世界银行首席经济学师、美国经济学家尼古拉斯·斯特恩在其发表的《斯特恩报告》中指出：恶劣气候状况对全球经济的影响程度要高于两次世界大战和上世纪的经济大萧条。如果全球能将国内生产总值的 1% 用于发展低碳经济，那么每年的经济损失可以减少 2%～20%。紧接着，日本和英国等国纷纷提出了发展国家低碳经济的战略。我国于 2010 年 8 月正式提出在五省市开展低碳经济的试点工作。

在低碳经济的理论方面，著名学者 Ann Daniel 和 Daniel Kammen（1999）从全球的角度出发讨论了传统经济向低碳经济的过渡问题，全球可以通过以下措施来控制空气中二氧化碳等温室气体的浓度：①给低成本的碳排放项目予以政策和税收的优惠；②在短期和中期，着力解决不同国家排放温室气体的地区失衡问题；③在长期，各国之间平等合作，合理利用大气服务，做到低碳经济下的合理生活。

在低碳经济的实践方面，Nicholas Stern（2006）利用经济学的原理对全球气候变暖进行了影响分析，指出各国政府应加强协作以达到遏制全球变暖的目的，到 2050 年全球经济规模扩大 3～4 倍的同时，温室气体的排放量要减少 1/4，并且评估了气候变暖对英、美等国的经济影响。

Ugur Soytas 和 Ramazan Sari（2009）利用 VAR 模型来分析能源消耗之间的关系，并指出碳排放增长的主要原因是能源消耗，与经济增长无关。因此优化能源的消费结构、改变能源的利用方式、提高能源的利用效率可以实现节能减排的目标。

Koji Shimada 等（2007）针对低碳经济设计了一个在地区范围内计算二氧化碳排放量的公式，它涉及了工业生产、商业区、住宅区、货运量和能源需求水平等。通过这个公式，本书分析了日本的二氧化碳排放量，并得出结论：经济增长、产业结构水平和电力生产对二氧化碳排放量的影响很大，县域政府可以通过土地规划、新能源的推广和生活方式的转变来减少二氧化碳的排放。

低碳经济的内涵就是以可持续发展理念为指导，利用在技术与制度上的创新、新型能源开发等各种手段，尝试减少高碳能源（煤炭、原油）的消费量，降低二氧化碳等温室气体排放量，以应对气候变化，实现经济社会可持续发展和自然生态环境得到有效保护的一种双赢发展模式。"低碳"和"经济"二者相结合，是能源消费方式、经济发展模式与人类生活方式的重大变革。

低碳经济代表着未来时期经济发展的形态。它的实质是通过低碳

技术创新、产业转型等手段，提高能源利用效率，改善旧的能源结构，减少污染物的排放，降低能源消耗量，实现人类经济发展观念的根本转变。它的核心则是能源技术创新和制度创新，即依赖技术创新和政策举措，实现产业、技术、贸易等政策方面的重大调整，统筹规划、有序推进能源结构优化升级的经济可持续发展模式。

第二节 能源与低碳发展的关系

能源低碳化这一概念是在低碳经济发展这一时代背景之下提出的。为应对全球气候变暖，低碳革命的枪声已打响。世界经济继工业化、信息化后，正迈向"低碳化"。低碳经济理念已逐步深入人心，成为国内外学者研究的热点问题。

作为全球热点的低碳经济是以低能耗、低污染、低排放为基础的经济发展模式。此种模式的实质也就是能源低碳化。能源低碳化就是通过能源技术创新及能源结构优化来发展对环境破坏较小的低碳替代能源及可低碳化利用的高碳能源。

低碳能源主要可分为两大类：一类是核电、天然气等清洁能源，另一类是太阳能、风能、生物质能等可再生能源。核能是高效、无污染的新型能源，是一种清洁能源；天然气是一种使用安全且热值高的清洁能源，它燃烧后不会有废渣、废水产生。可再生能源是一种对环境危害极小甚至无害的可循环再生的能源。对可再生能源的开发利用是应对全球气候变化的重要措施。可低碳化利用的高碳能源是指通过能源技术创新等方式使高碳能源可以达到高效清洁利用。能源低碳化是解决世界能源问题的重要途径。

能源低碳化发展是能源可持续发展战略的内在要求，其实质是通过开发低碳能源及高碳能源低碳化利用，建立"高效益、低污染、低消耗"的循环发展模式，以追求人与环境、经济、社会的和谐可持续发展。其核心内容涵盖了可持续发展、循环经济、低碳经济的理念。

可持续发展理论、循环经济理论及低碳经济理论为能源低碳化发展提供了理论基础。

随着经济持续快速发展，我国存在不合理的能源结构，低下的能源利用效率，日益凸显的能源与资源、环境及社会发展的矛盾逐渐显现出来。能源问题已经逐步成为约束经济与社会发展的"瓶颈"之一，而低碳化发展之路的关键就是在经济与能源结构实现双重转型。

当前，世界各国都处在能源革命的早期阶段，提高能源利用效率，开发低碳甚至是无碳能源，构建并创造新型能源体系，增加对新型能源的投入，强化对新型能源的政策支持，将会是这场能源革命的重要内容。在全球范围内，新型能源体系将会为经济发展与就业机会的创造提供良好的机遇。

能源低碳化的实现途径主要包括三种：一是化石能源转移为新型能源及可再生能源，也就是非化石能源替换高碳能源；二是高碳能源实现低碳化且高效的利用，也就是利用清洁煤技术达到碳排放量的大量减少的目标；三是对能源生产和消费过程中的二氧化碳进行捕集和封存。在现有经济、技术、社会认同和自然环境等众多因素作用下，能源低碳化不会是个短暂的过程，而会持续较长时间。

第三节 能源低碳化发展的主要内涵

碳是指人类社会经济活动排放到大气中温室气体所含的碳，其排放直接影响全球气候变化，涉及人类的长远利益。社会经济发展需要的是能源，而不是碳。不同的能源形式或单位热值所含碳的数量相去甚远。化石能源含碳量最高，通过燃烧而释放出来。但煤、石油和天然气三种化石能源的碳密度也存在差异。煤的含碳量最高，油次之，天然气最小。因此，尽管石油和天然气的燃烧也放出二氧化碳，但是相对于煤炭来讲，石油和天然气就属于低碳能源。就全球范围来看，碳排量的主体也是煤、石油和天然气这三种化石能源。

生物质能包括农作物秸秆、薪材等植物性燃料，燃烧过程也向大气释放大量温室气体，但植物性燃料中的碳是绿色植物通过光合作用吸收大气中的二氧化碳而固定的。由于植物是可再生的，燃烧释放后又可以通过生长吸收固定碳。如果吸收固定量与燃烧释放量相等的话，生物质能是属于碳中性的，不会增加温室气体的排放。因此，国际上有关温室气体排放量的统计，大多没有包括植物源温室气体。其他形式的能源包括核能、风能、太阳能、水能、地热能等，这些能源在产生能量和消费的过程中没有碳原子的参与，不会产生二氧化碳。当然，有关设备如核电厂所用的水泥钢材和风力发电机的生产，需要消耗能源，涉及温室气体排放，但这些可再生能源所生产和供给的热值，远高于有关设备生产、维护所需要的能源。这部分能源与化石能源一样可以满足社会经济发展所需要的热值，但没有温室气体排放，属于无碳能源。能源发展转换的规律，就是从高碳到低碳，最后走向无碳。

从集中开发利用的规模大小上划分，可以把低碳能源划分为集约式低碳能源和分散式低碳能源。前者一般装机容量比较大、建设周期相对较长，一般由国家主导进行建设，主要包括水能、核能、风能以及油气资源等；后者装机容量较小且分散，多位于用户需求终端，主要包括生物质能、太阳能、地热能和海洋能等。

低碳能源相对于传统能源，具有污染少、储量大的特点，对于解决当今世界严重的环境污染问题和资源（特别是化石能源）枯竭问题具有重要意义。因此调整能源结构，开发利用低碳能源，不会影响社会经济目标的实现，但却可以减少碳排放。

当前我国二氧化碳的排放量大，面临着因二氧化碳大量排放而造成的气候恶化的风险，发展低碳能源、控制碳排放的必要性主要从以下三个方面考虑。

（1）以二氧化碳为主的温室气体引起环境及气候的恶化。

联合国政府间气候变化专家委员会（IPCC）2001年出版的第三次评估报告指出，自1860年以来，由于二氧化碳大量排放，全球平均地面温度上升了 0.6±0.2℃，预测全球平均地表气温到 2100 年将比 1990 年上升 1.4～5.8℃，这一增温值将是 20 世纪内增温（0.16℃左右）的 2～10 倍，是近 1 万年中最显著的增温。由于全球变暖，冰原融化以及海平面升高无法避免。

20 世纪 50 年代以来，我国沿海海平面上升速率为每年 1.4～3.2 毫米，渤海和黄海北部冰情等级下降；西北冰川面积减少了 21%，西藏冻土层减薄，最大达 5 米。北方干旱受灾面积扩大，南方洪涝加重；农业生产的不稳定性增加，局部干旱高温危害加重；作物发育期提前，抗寒性减弱。我国六大江河的实测径流量都呈下降趋势，下降幅度最大的是海河流域，北方部分河流发生断流。同时，局部地区洪涝灾害频繁发生，特别是 1990 年以来，长江、珠江、松花江、淮河、太湖、黄河等连续发生多次大洪灾，损失日趋严重。我国海岸带已经受到气候变化和海平面上升的影响，风暴潮、洪水、强降雨等极端天气事件和干旱等气候事件对沿海地区造成的灾害更明显，其中对黄河三角洲、长江三角洲、珠江三角洲的社会经济产生的影响最为严重。气候变化增加了疾病发生和传播的机会，危害人类健康。我国同世界上其他国家一样，都面临着环境及气候恶化所带来的严峻局面，并已深切认识到，为了人类社会的可持续发展，必须采取措施遏制环境状况的持续恶化。

（2）来自国际社会的压力。

尽管《京都议定书》并未规定发展中国家具体的减排义务，但却同样提出了一定的要求，其中第 10 条、第 11 条等相关条目是专门针对发展中国家的，旨在督促这些国家制定国家规划或区域规划，以改进排放温室气体的因素、数据和模式。我国作为《京都议定书》的缔约方只是暂时不需要像多数发达国家那样承担具体的减排指标，但实际上，我国业已开始承担该议定书规定的全球控排温室气体的所有缔约方都应承担的普遍性义务。

2007 年 12 月 12 日，在印度尼西亚巴厘岛，联合国气候变化大会召开。此次会议拟定的"巴厘岛谈判路线图",旨在使2012年《京都议定书》第一承诺期结束后的减排工作能顺利进行。围绕着"减排"与"减贫",发展中国家与发达国家的分歧仍是此次会议的焦点。但是,为了缓解当前气候变暖的严峻形势,必须谋求实现二氧化碳减排已经成为各方共识。相关资料显示,我国已经成为世界二氧化碳第一排放国。按照目前的二氧化碳排放增长速度,下一步很有可能成为国际社会一致要求严格承担减排任务的对象,我国控制二氧化碳排放的任务将是十分繁重的。对此,必须要有清醒的意识和前瞻的安排。

(3)气候变化事关国家安全。

现在国家安全的概念已经从传统的国防安全扩大到更为广泛的国土安全、环境安全、食物安全、水资源安全等领域,气象事业对国家安全、社会进步具有重要的基础性作用。

2005年7月7日,"G8+5"峰会在苏格兰举行对话,首次将气候变化问题列为会议的主要议题之一。胡锦涛出席会议并发表重要讲话,指出气候变化既是环境问题,也是发展问题,归根到底是发展问题;处理气候变化应坚持以《气候公约》为指导,应坚持可持续发展,应重视科学技术的作用。世界各主要国家最高领导人首次讨论气候变化问题,表明气候变化问题在国际议程上占有越来越重要的分量,也充分体现了应对气候变化的重要性和复杂性。

从长远考虑,我国实施二氧化碳减排是必由之路,应在保障国家社会经济增长的同时,为缓解全球二氧化碳排放的增加作出有效的贡献。同时,实施低碳能源发展战略能够有效促进节能减排、促进可再生能源发展和能源结构调整,对于国家能源可持续发展和能源安全同样具有战略意义。

第二章

世界能源低碳化转型发展趋势

第一节　当前世界能源发展概况

根据《BP 世界能源统计年鉴（2018 年）》，2017 年全球一次能源消费量增长 2.2%，增速高于 2016 年的 1.2%，为自 2013 年以来的最快增长，到 2017 年底达到 13 511.2 百万吨油当量。除亚太、中东及中南美洲以外，其他所有地区的增速均高于历史平均水平。中国能源消费增长 3.1%，连续 17 年成为全球能源消费增量最大的国家，除煤炭和水电外的所有燃料增速均高于历史平均水平。天然气是能源消费中最大的增量来源（8300 万吨油当量），其次是可再生能源（6900 万吨油当量）和石油（6500 万吨油当量）。

一、石油量价齐升

1. 消费量

2017 年全球石油消费量平均增长 1.8%，即 170 万桶/日，连续第三年超过 10 年平均值（1.2%），到 2017 年达到 4469.7 百万吨（9818.6 万桶/日）。中国（50 万桶/日）和美国（19 万桶/日）是最大的增长国（图 2-1）。

2. 生产量

2017 年全球石油产量增长 60 万桶/日，连续两年低于平均值，到 2017 年达到 4387.1 百万吨（9264.9 万桶/日）。美国（增产 69 万桶/日）和利比亚（增产 44 万桶/日）是产量增长最多的国家，沙特阿拉伯（减产 45 万桶/日）和委内瑞拉（减产 28 万桶/日）是产量下降最多的国家。

3. 炼油量

2017 年全球石油炼厂加工量增长 160 万桶/日，高于平均水平，但炼油产能仅增长 60 万桶/日，连续 3 年低于平均增速。正因如此，石油炼厂开工率飙升至9年来的最高点。

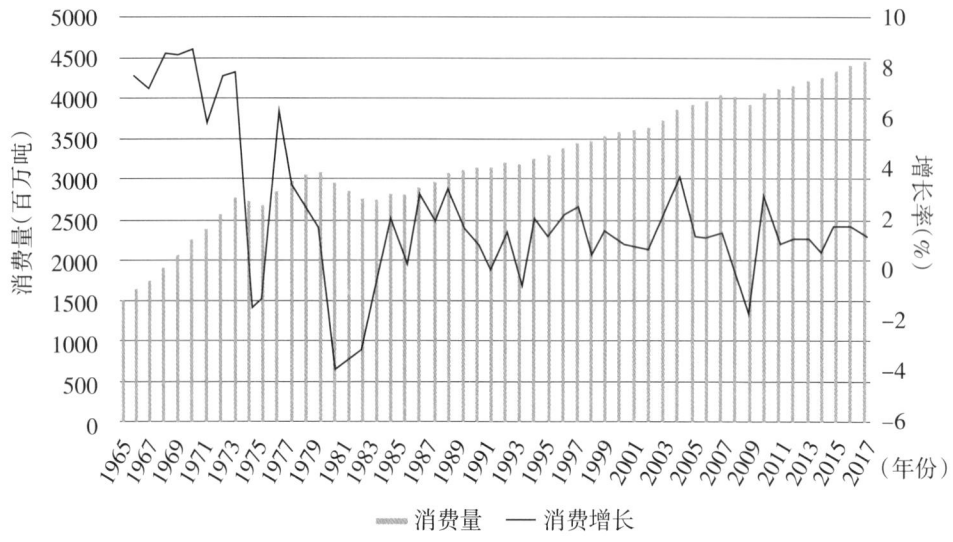

图 2-1 全球石油消费总量及其增速变化

4. 油价

油价，即布伦特石油均价，从 2016 年的 43.73 美元/桶增至 54.19 美元/桶，自 2012 年以来首次出现年度增长。

二、天然气突飞猛涨

1. 消费量

2017 年全球天然气消费量 36 704 亿立方米，增长 3%，即 960 亿立方米，创下 2010 年以来的最快增速。消费量增长由中国（增加 310 亿立方米）、中东（增加 280 亿立方米）和欧洲（增加 260 亿立方米）所带动。美国的天然气消费量下滑 1.2%，即 110 亿立方米（图 2-2）。

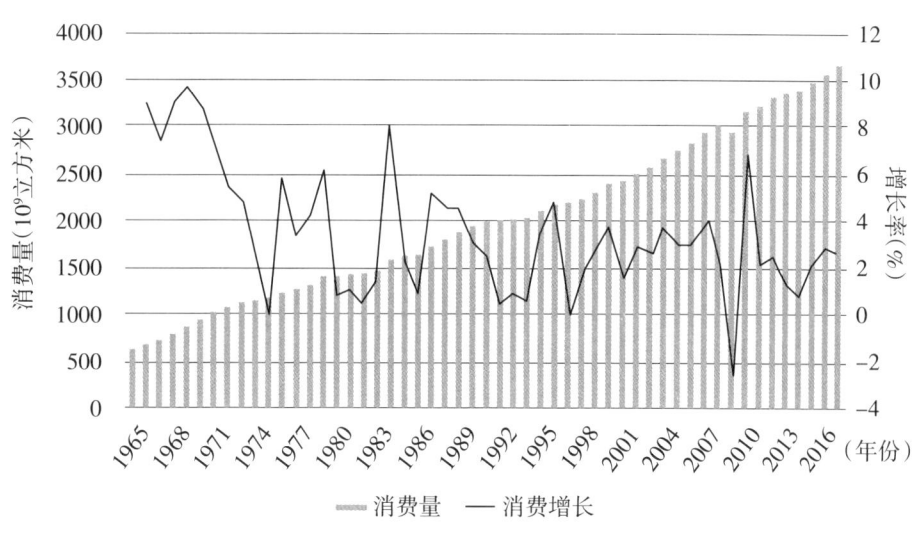

图 2-2 全球天然气消费总量及其增速变化

2. 生产量

2017 年全球天然气产量增长 4%，即 1310 亿立方米，几乎是 10 年平均增速的 2 倍，到 2017 年达到 36 804 亿立方米。俄罗斯是增长最显著的国家，其产量增长了 460 亿立方米，伊朗次之（增加 210 亿立方米）。

3. 贸易量

全球天然气贸易增长 6.2%，即 630 亿立方米。液化天然气（LNG）贸易的增速超过管道天然气。天然气进口量的增长主要由澳大利亚（增加 170 亿立方米）和美国（增加 130 亿立方米）的液化天然气（LNG），以及俄罗斯（增加 150 亿立方米）的管道天然气所带动。

4. 天然气价格

2017 年美国 HenryHub 天然气价格为 2.96 美元/百万英热单位，液化天然气日韩指数为 7.13 美元/百万英热单位。

三、煤炭微弱增长

1. 消费量

2017年全球煤炭消费量增长1%，即2500万吨油当量，自2013年以来首次出现增长，到2017年达到3731.5百万吨油当量。消费增长的主要来源是印度（1800万吨油当量），而中国的消费量在2014年至2016年的连续下滑后有所回升（400万吨油当量）。经合组织国家的需求连续第四年下降（降低400万吨油当量）。煤炭占一次能源的比重下降至27.6%，是2004年以来的最低值（图2-3）。

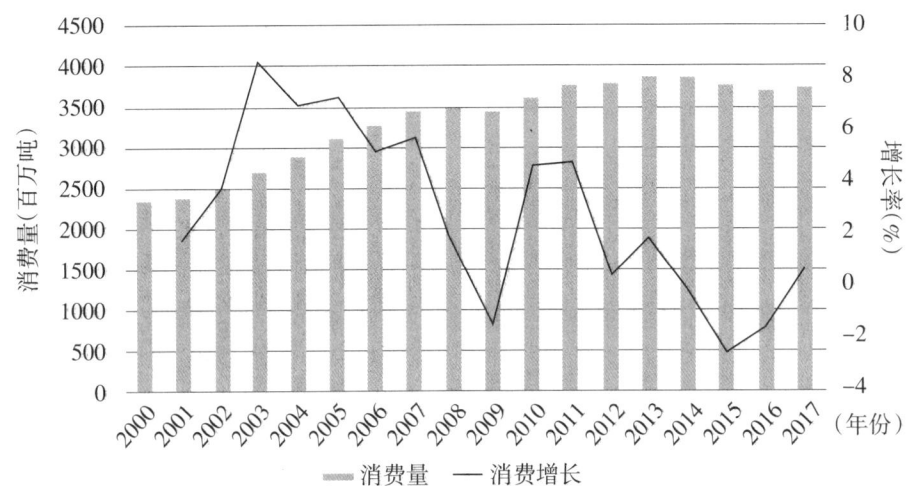

图2-3 全球煤炭消费总量及其增速变化

2. 生产量

2017年全球煤炭产量增长3.2%，即1.05亿吨油当量，创下2011年以来的最快增速，到2017年达到3768.6百万吨油当量。中国和美国的煤炭产量分别增长5600万吨油当量和2300万吨油当量。

四、可再生能源增长最快

2017年全球可再生能源发电量增长17%，即6900万吨油当量，高于过去 10 年的平均增速，是有史以来最大幅度的增长。可再生能源增长的一半以上由风能贡献，太阳能也贡献了三分之一的增量，尽管其仅占总份额的 21%。

2017 年全球太阳能发电消费 442.6 亿千瓦时，新增 114.4 亿千瓦时，同比增长 35.2%，其中中国太阳能发电消费量新增最大，占全球新增总量的 40.6%；风电消费 1122.7 亿千瓦时，新增 163.3 亿千瓦时，同比增长 17.3%，其中中国风电消费量新增最大，占全球新增总量的 30%，美国次之（16.9%），德国第三（16.3%）。

2017 年全球水电仅增长 0.9%，低于过去 10 年来 2.9% 的平均水平。中国的增长创下自 2012 年以来新低，而欧洲的水电总量下滑 10.5%。全球核电增长 1.1%。中国（增加 800 万吨油当量）和日本（增加 300 万吨油当量）的增长在一定程度上抵消了韩国（减少 300 万吨油当量）和中国台湾（减少 200 万吨油当量）的下降。

2000 年至 2017 年全球可再生能源消费变化如图 2-4 所示。

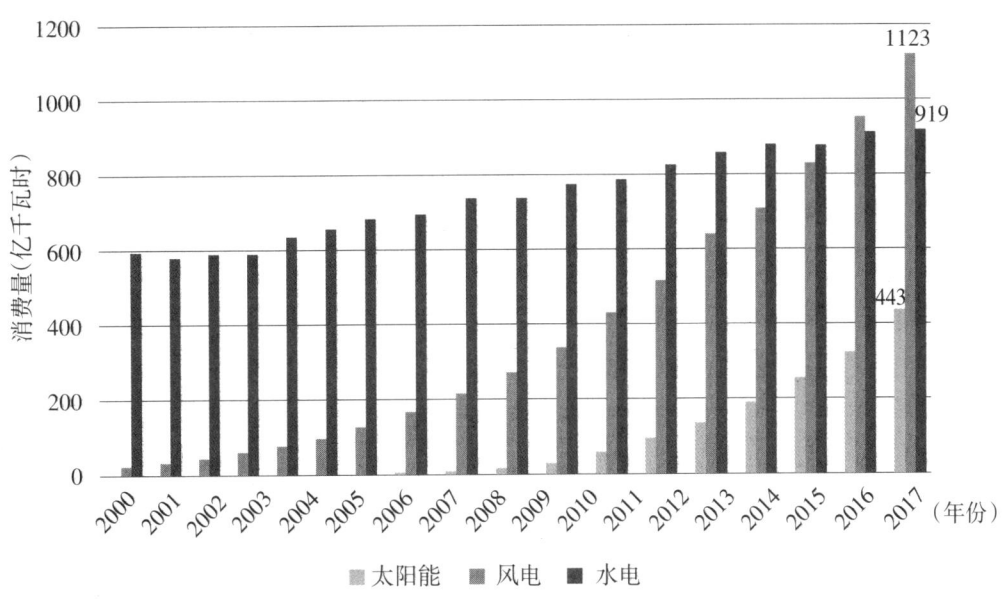

图 2-4　全球可再生能源消费变化

第二节 世界能源低碳化转型态势

一、全球能源转型及低碳化发展主要特点

从全球来看，历史上曾经发生过两次能源大转型，第一次是煤炭取代木材成为主导能源，第二次是油气取代煤炭成为主要能源。当前正在进行第三次能源转型，尽管处于初期阶段，但与前两次能源转型相比，已具有明显的区别（图2-5）。一是开发利用可再生能源是当前全球能源转型的重要内容；二是以建立低碳、可持续的能源供给与能源消费体系为目标；三是合作共赢、政策引导是当前能源转型的重要特征；四是能源转型及科技进步推动是社会发展的必然趋势。按照《巴黎协定》确立的目标，把地球平均温升控制在工业革命前水平的2℃之内，并努力控制在1.5℃之内，并以实现该目标作为引导，以各国"自下而上"提出国家自主决定贡献目标和行动计划为基础，开展全球合作减排行动。

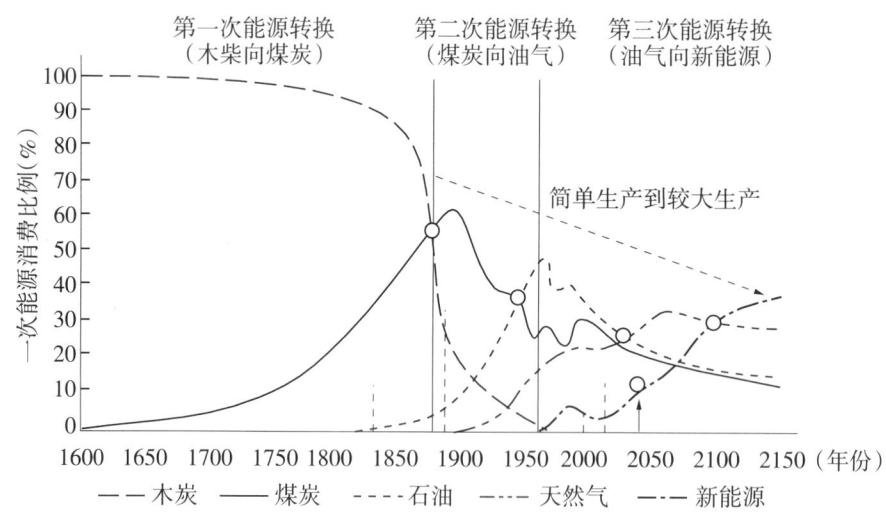

图2-5 世界能源变革历程

第二章 世界能源低碳化转型发展趋势

从现状与发展趋势来看，消费同等能量能源所排放的温室气体在一些国家已开始减少，以分布式发电系统为代表的适应于可再生能源特点、环境友好的能源生产体系正在形成，传统的能源消费正在向绿色、低碳方向发展。根据2017年国际能源署发布的《世界能源展望》，到2040年，全球能源图景将出现以下趋势：逐步向低碳化和清洁化转型；分布式能源将日益引领能源发展；越来越智能化，智能化对能源的发展将起到革命性的作用。

根据《世界关键能源数据统计2018》报告显示，1973年煤炭供应占比为24.5%，到2016年占比提高到27.1%。天然气占比从16%增加到22.1%。石油的供应占比则从1973年的46.2%下降到2016年的31.9%。水电增幅不大，从1.8%增加到2.5%。世界光伏发电增长可以说是突飞猛进，从2005年的4亿千瓦时到2016年的328亿千瓦时，足足翻了80多倍。中国在此过程中发挥的作用非常明显，光伏发电从占比2.2%到占比22.9%，几乎翻了10倍。风电产量从2005年的104亿千瓦时到2016年的958亿千瓦时，尽管不如光伏增量迅猛，但也有接近10倍增幅。我国风电占比从2%到24.8%，对风电整体增幅起到支撑作用（图2-6）。

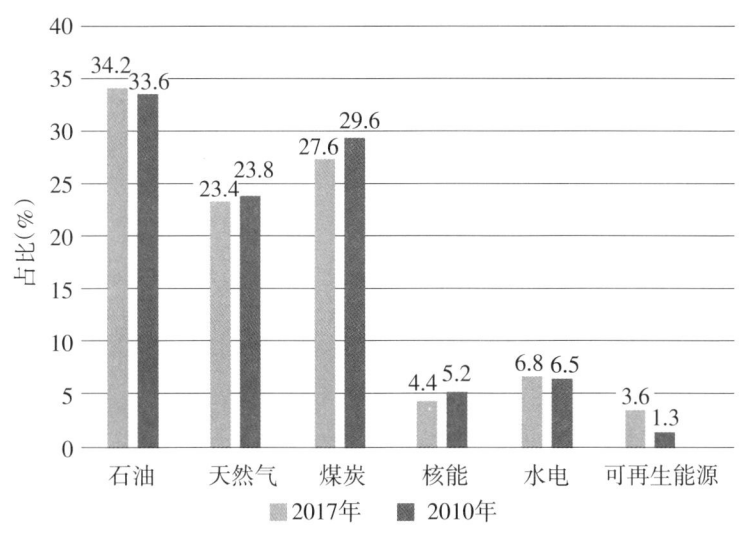

图2-6 2010—2017年世界能源消费结构变化

二、中国统筹推进能源系统转型和生态文明建设

中国高度重视环境改善和清洁能源发展，温室气体减排和能源体制改革是过去20年来中国能源发展的两个重点。在温室气体减排方面，自从2001年"十五"规划起，中国就制定了严格的环境保护目标，并设置了切实的污染防治措施。在"十二五"规划期间（2011—2015年），中国制定了2020年温室气体排放强度目标，并通过市场和行政手段相结合来降低排放强度，并在2011年启动碳市场试点。在体制改革方面，2015年中国开始大力推进电力行业改革，以最终形成双边电力交易、电力现货市场和辅助服务市场。自全面改革以来，先后出台了六项配套政策，包括输配电价格改革、建立现货市场试点、建立电力交易所、形成双边市场（发电和效率）、开放电力零售市场、规范所谓工业自备燃煤电厂等。

2012年，党的十八大报告首次提出"推动能源生产和消费革命"，要控制能源消费总量，加强节能降耗，支持新能源、可再生能源发展，确保国家能源安全。2014年，习近平总书记在中央财经领导小组第六次会议上明确提出包括消费革命、供给革命、技术革命和体制革命四个方面的能源革命战略。2016年，国家发改委发布《能源生产和消费革命战略行动计划（2016—2030年）》，进一步强调了坚持安全为本、节约优先、绿色低碳、主动创新的能源发展战略取向，力求全面实现我国能源战略性转型。提出2020年煤炭消费比重进一步降低，天然气、核电、水电和风电等清洁能源快速发展，清洁能源成为能源增量主体，非化石能源消费比重提高到15%以上，天然气消费比重力争达到10%，煤炭消费比重降低到58%以下。2030年可再生能源、天然气和核能利用持续增长，高碳化石能源利用大幅减少。非化石能源占能源消费总量比重达到20%左右，天然气占比达到15%左右，新增能源需求主要依靠清洁能源满足；单位国内生产总值二氧化碳排放比2005年下降60%~65%，二氧化碳排放2030年左右达到峰值并争取尽早达峰。

当前,中国正在大力推进能源系统转型和生态文明建设,强调转向低碳、清洁能源和清洁供热发展,同时限制煤炭的使用。2005—2016年,全国可再生能源消费比例从16%增至26%,有效改善空气质量和应对气候变化,最终减少对化石燃料的依赖。根据《2017年中国可再生能源展望》,假设平均温度下降2℃的情况下,预计风电占一次能源供应总量的比例将从2016年的0.7%上升至2020年的4%、2035年的12.5%和2050年的21.8%。预计光伏发电将从2016年的0.3%上升至2020年的1%、2035年的6.5%和2050年的13.4%。

综合来看,中国坚持发展非化石能源和清洁高效利用化石能源并举,逐步降低煤炭消费比重,提高天然气和非化石能源消费比重,大幅降低二氧化碳排放强度和污染物排放水平,优化能源生产布局和结构,促进生态文明建设。一方面,中国致力于推进市场化机制,以实现向绿色和低碳能源转型。从2009年开始,中国一直依靠上网电价补贴来推动风电和光伏发电,中国可生能转向可再生能源配额制度自从2017年推出了自愿交易的绿色证书制度。另一方面,从2011年到2016年,中国已经在北京、上海、天津、湖北、广东、深圳和重庆等启动了7个省市实行碳市场试点。到目前为止,这些市场的配额主要是通过基准和标杆的方式进行分配,只有小规模的在进行交易。2017年12月中国正式宣布启动全国碳市场,主要是在电力和供热行业,这些行业占煤炭总使用量的大部分。市场将在未来几年才开始正式交易,碳排放配额机制将继续得到推广,通过供碳价格调控在促进低碳转变方面发挥越来越重要的作用。

三、德国采用可再生能源电转气技术实现低碳化

德国的能源转型是一项长期的能源和气候战略,旨在建立一个以发展可再生能源和提高能源效率为基础的低碳能源系统。它被认为是一个雄心勃勃的工业项目,需要在德国国内和整个欧洲进行技术和社会转型。德国能源署前总裁斯蒂芬·科勒在其题为《能源转型2.0:德

国面临的机遇挑战及对中国的启示》的演讲中表示:"能源转型一定是要以二氧化碳减排为目标的转型,转型不要谈方法,而是要目标管理。"

实际上,德国能源转型不是从退出化石能源、减排二氧化碳开始的,而是源于反核的诉求。其在能源转型过程中发展出了两大目标,一是退出核电,预计2022年最后一个核电站退出现役;二是以1990年为基准,到2050年将二氧化碳排放量减排80%至95%。在此过程中,政策因素在能源转型中发挥了重要作用。德国颁布了《可再生能源法》,使得可再生能源领域的投资成为无风险、高利润的投资领域,为可再生能源份额的提高提供了法律保障。据了解,德国在2000年时,可再生能源比例仅有5%,而当下可再生能源比例已高达33%,其中光伏表现尤为强势。从经济社会发展与能源转型的宏观系统来看,德国能源转型基于四个主要目标:应对气候变化、避免核风险、改善能源安全以及保障经济竞争力和增长,是一个综合政策框架,涵盖能源和经济的所有部门。它包括降低二氧化碳排放、发展可再生能源、到2022年逐步淘汰核能以及提高能源效率的目标和政策措施。

但也要注意,能源转型下,由传统化石能源转向可再生能源,而光伏、风电两大电力波动性尤为剧烈,波动性是目前可再生能源并网建设、政策制定和行业运营最大的挑战。为适应其波动性,也需要电网的配合与改造。解决这一问题的两条路径,一条在存储侧,一条在用户侧。其中的关键是建立智能电网系统、智能用电系统。

近几十年来,德国以推动可再生能源为目标,实现电力结构的多样化(可再生能源发电量从1990年的4%增至2017年的35%以上),包括2000—2010年期间公民拥有的可再生能源项目急剧增加。然而,可再生能源在其他部门(交通运输和供暖/供冷)中的占比并未实现按比例增加。德国成功采用可再生能源电力转换氢、甲烷(电转气,PtG)技术,成为世界二氧化碳减排和可再生能源利用最成功的国家。PtG技术是可再生能源电力制氢或合成甲烷的技术,它所采用的都是成熟技术，包括电解水制氢技术和甲烷化技术，后者是把电解水制得的氢与二氧化碳反应生成甲烷的反应（Sabatier 反应），以及电解水和 GtL（气转液）技术合成燃料，有 F-T 合成（生成直链烃、烯烃、醇类）和甲醇合成。德国现有天然气管网超过 100 米/平方米，PtG 制的氢或甲烷可注入原有天然气管网，大量的氢或甲烷可储存到德国已具备的大规模天然气地下储存设施。变动性可再生能源的电力储存可采用氢电力储存系统，该系统由水电解制氢装置、储氢装置和氢燃料电池等组成。目前德国包括计划和在建的 PtG 项目有 20 个以上，欧洲 PtG 总项目有 30 个以上。

四、英国推进海上风力及新的核能建设低碳化战略

英国是第一个提出"低碳"概念并致力于发展低碳经济的国家。面对气候变化、环境恶化与资源短缺给人类带来的巨大压力，英国政府在全世界率先将低碳发展列入国家经济与社会的基本国策与发展战略，并且将低碳发展作为未来企业以及国家提高竞争力的重要方式，进一步提高英国在国际政治经济舞台上的地位。为保证低碳发展战略获得良好实施，英国政府设立了系统性的政策法规以及具体的指导措施：在 1998 年开始建立了以非化石燃料义务和化石能源税作为核心内容的法律架构，鼓励和促进可再生能源的开发利用。2009 年颁布实施《英国低碳过渡计划》，同时提出了《可再生能源战略》《英国低碳工业战略》及《低碳交通计划》三个配套计划，设想英国在 2020 年有 15% 的能源来自可再生能源，给予拥有发展潜力和市场竞争力的企业更多的发展扶持，在未来 10 年时间内交通行业碳排放量能够达到减少 14% 的目标。

2017 年 10 月，英国政府提出至 2050 年实现低碳化的"清洁增长战略"，其措施是推进海上风力等可再生能源开发，并推进新的核能建设。具体如下：

一是可再生能源助力海上风力。为了达到环境目标和经济增长，

要实施50项中期政策。其中电力部门的海上风力方面的措施是：①在继续降低成本的条件下，新世纪20年代新建装机$10×10^9$瓦；②可再生能源关联技术的技术革新投资1.77亿英镑；③2019年春以海上风力等为对象，公开拍卖5.57亿英镑的差额支付合同的固定价格收购制度。太阳能扩大鼓励无补助金。风力方面长期贡献低碳化，当前要致力于确保成本竞争力。至2025年煤火力发电全部废除的同时，CCUS（碳捕获、利用与封存）技术开发投资1亿英镑，达到世界领先的水平。需求方面：①削减电力储存成本、普及需求响应、智能系统开发投资2.65亿英镑；②至2020年末所有电力用户设置智能仪表；③促进能源灵活利用，至2050年费用负担总额削减400亿英镑。目标至2040年禁止销售汽油车、柴油车。

二是推进核能新建设与开发。进入新世纪，北海天然气产量低下，同年核能白皮书规定推进新的核能建设，按2011年电力市场改革，可再生能源和核能发电的电力实施一定价格收购的差额支付合同的固定价格收购制度。推进法国电力公司（EDP）正在建设的HinckleypointC（HPC）发电厂（EPR1.67GW2套，中国广核集团有限公司（CGN）出资33%）。企业家和政府反复讨论，今后继续新建的设备要有竞争力。实际新建方面，关于法国电力公司的HPC建设费用，2017年7月上调196亿英镑，大增15亿英镑。HPC适用FiT-CfD，从2025年开始运转，决定35年间以9.25便士/千瓦价格收购电力。目前，英国继法国电力公司建设HPC，计划在Sizewell（CGN出资20%）建2套网络公关系统（EPR）。进而，计划在Bradwell，由CGN（EDF出资33%）建中国产反应堆华龙1号（$100×10^4$ kW）2套。另一方面，日立公司计划在Wilbynewwide建先进沸水堆（ABWR（$135×10^4$kW））2套，现在已经完成设计审查，并预定在Old-bury再建2套。东芝公司在Moorside的计划（建3套西屋电器产反应堆AP-1000），随西屋电器公司倒闭和东芝经营危机受挫，目前正继续与韩国电力公司交涉。2018年2月RollsRoyce公司就验证小型模块化反应堆的组件开发，与先进核反应堆机器制造研究中心（N-AMRC）签订合同。N-AMRC是2012年英国再建核关联供应链新设的政府机构。目前，英国没有制造大型商业反应堆的厂家。

五、美国以页岩气革命为主导支撑新一轮能源革命

在美国，能源的发展主要受到技术创新、市场竞争以及标准和政策（特别是州和地方层面）的影响。

（1）技术标准和政策通过在进入市场的早期明显地降低了可再生能源的价格并支撑了可再生能源技术的竞争空间。据统计，州和地方可再生能源组合标准（RPS）刺激了2000—2015年间60%的可再生能源发展，并通过增加装机容量降低了可再生能源的成本。

（2）市场对美国能源转型和碳减排产生了主导影响。尽管新的基础设施（如传输和运营）的建设和监管对成本有重要影响，但当前政府采用可再生能源技术面临的成本仍比10年前要低得多。风电、光伏和储能等先进技术的全球共享使可再生能源产生了巨大的跨越式发展。当前可再生能源技术的发展已经不再面临早期发展中的市场动荡问题。

（3）虽然天然气的出现使得能源转型的发展很难预见，但政府还是在确保公平、有效、起作用的市场平台方面发挥了作用。政府的这些平台能够可靠地整合所有形式的能源，提高能源安全性，降低成本，并实现既定的社会目标和环境目标。

2014年5月奥巴马政府发布的《全面能源战略》提出了美国未来低碳发展的重要领域和重要举措，一是强调提高能效，二是重视发挥天然气在清洁能源转型中的中心作用。随着产量继续提升、气价保持低水平和发电碳排放标准的实施，天然气将继续发挥美国清洁能源转型的中心作用，也将促进风电、光伏等间歇性能源的大规模利用和消纳。三是支持可再生能源、核电以及清洁煤技术发展。当英国煤炭消费开始下降时，美国的煤炭利用却在一路攀升，直到2004年煤炭消费总量才达到峰值并开始下降。煤炭需求和生产下降直接影响到产煤区

煤矿工人的就业和生计。

　　特朗普曾发誓重振美国煤炭业的辉煌,但美国的煤炭消费并没有因此上升。其主要原因不是没有政策,而是缺乏市场。过去十几年中,美国的页岩气革命使天然气的开采和利用成本大为降低,对煤炭的竞争优势加剧,此外,众多企业对未来气候变化政策的预期使得煤炭发电颇为过时。当天然气替代煤炭成为稳定的市场预期之后,煤炭盛极而衰成为必然趋势。

　　美国天然气管网系统发达、公平接入,开发商与网络运营商分离,机制健全、充分竞争的市场环境,是美国页岩气革命成功的关键。与此同时,美国可再生能源支持政策也更多地利用市场机制和市场竞争,可再生能源配额制是创造需求、让市场引导投资的制度设计,是需求导向,要求需求侧的终端用电环节实现可再生能源配额目标,而不是发电侧,配额制义务的履行主要依靠可再生能源证书及交易市场。政府则在能效标准、环保标准等方面发挥有效的监管作用。

第三章

广东能源低碳化发展基础

第一节　广东能源低碳化资源条件

当前，世界能源供需格局发生重大变化，能源结构清洁低碳化趋势明显，能源技术革命影响愈发深入。十九大报告指出，我国能源发展的主要方向是推进能源生产和消费革命，构建清洁低碳、安全高效的能源体系。随着广东省经济健康平稳的发展，在未来较长一段时间内对能源仍有较大的需求，伴随着能源总量和强度"双控"政策的进一步实施，在提高能源利用效率和保障能源供应安全的基础上，能源结构向绿色低碳化转型将是大势所趋，特别是高比例的可再生能源发展是广东省能源低碳转型的核心。

一、风能

1. 资源条件

（1）陆上资源。

广东省地处热带、亚热带季风区，受季风气候影响明显，冬季（12—2月）受冷高压脊控制，盛行偏北风和东北风，风速较大；春季（3—5月）由冬季风开始转为夏季风，冷暖空气交替，风向多变，盛行风向较乱；夏季（6—8月）西北太平洋副热带高压北跳西伸加强，印度洋西南暖湿气流异常活跃，盛行风向主要以偏南风为主，风速较小；秋季（9—11月）由夏季风转为冬季风，风向逐渐转为以偏北风为主。夏秋季节沿海地区易受热带气旋影响产生短暂的大风天气。

根据最新的风能资源评价结果显示，广东省风能资源（平均风速、平均风功率密度）较大的地方主要分布在沿海地区和粤东西北海拔较高的山区。风资源丰富地区70米高度以上年平均风速达到6.5米/秒以上，年平均风功率密度达到350瓦/平方米以上。根据省气象局《广东省风能资源详查和评估报告》，广东省年平均风功率密度≥200瓦/平方米、具有开发潜力的地区可开发量约为1900万千瓦，其中，风功率密度≥250瓦/平方米。目前可开发的地区开发量约为1650万千瓦，风功率密度≥300瓦/平方米，风资源良好的地区技术开发量约为1400万千瓦。

（2）海上资源。

广东省拥有4114公里海岸线和41.93万平方公里辽阔海域，港湾众多，岛屿星罗棋布。沿海处于亚热带和南亚热带海洋性季风气候区，冬、夏季季候风特征十分明显。冬季风出现在11月到翌年3月，沿海被大陆性极地冷高压控制，盛行偏北风，气流比较干冷；夏季风发生在4月到10月，受来自海洋的暖湿气流影响，盛行偏南风，气流比较湿暖。独特的自然地理条件，形成了广东省特殊的风能资源分布特点，全省近海海域风能资源理论总储量约为1亿千瓦，实际可开发容量需根据海洋功能区划、海洋生态保护、港口通航、海底光缆及油气管道布置、军事设施影响等多方面因素确定。

广东省沿海海面100米高度层年平均风速可达7米/秒以上，并呈现东高西低的分布态势，在离岸略远的粤东海域，年平均风速可达8～9米/秒或以上；有效风能密度大于等于200瓦/平方米的等值线平行于海岸线，沿海岛屿的风能密度在300瓦/平方米以上，粤东海域甚至可到750瓦/平方米。粤东海域风功率密度等级可达5～6级，粤西、珠三角海域为3～4级，呈现出自东向西递减、自近岸向海中递增的趋势。全省海域大于等于3米/秒的风速全年出现时间为7200～8200小时，有效风力出现时间百分率可达82%～93%，可利用有效风速小时数较高。风向频率和风能密度的方向分布主要集中在东北偏北（NNE）至东北偏东（ENE）方向上。综合湍流强度、强风湍流强度（≥15米/秒）和主导风向湍流强度（NNE至ENE）一般不超过0.10，湍流强度较低。广东省沿海平均风速较大，风功率密度和风能利用小时数较高，湍流强度较低，风能资源丰富、品质较好。

2. 发展目标

根据《广东省陆上风电发展规划（2016—2030年）》，到2020年底建成陆上风电装机容量约600万千瓦，到2030年底建成陆上风电装机容量约 1000 万千瓦；根据《广东省海上风电发展规划（2017—2030年）》（修编），到 2020 年底，开工建设海上风电装机容量 1200 万千瓦以上，其中建成投产 200 万千瓦以上，到 2030 年底，建成投产海上风电装机容量约 3000 万千瓦；风电总的装机规模到 2020 年、2025 年和 2035 年分别达到 800 万千瓦、2000 万千瓦和 5000 万千瓦，约占全省总装机规模的 5%、9% 和 14%。

二、太阳能

1. 资源条件

广东省太阳能资源在我国属较丰富地区，年辐照时数 2200 小时左右，年辐射总量 4200～5800 兆焦耳/平方米，相当于一年辐射在广东省土地的能量达约 300 亿吨标准煤。从地域分布上看，广东省的太阳能资源呈南高北低的格局，南部属于太阳能资源三类地区（全国按五类分，下同），以粤东、粤西沿海地区为主，主要是汕尾、揭阳、汕头、潮州、湛江和阳江，全年日照时数 2200～3000 小时，每平方米一年接受太阳辐射 5000～5800 兆焦耳，相当于 170～200 千克标准煤；广东省其他地区属太阳能资源四类地区，主要是珠三角地区和北部山区，全年日照时数为 1400～2200 小时，每平方米一年接受太阳辐射 4200～5000 兆焦耳，相当于 140～170 千克标准煤。

（1）可利用屋顶资源。

目前，广东省有各类工（产）业园区近 200 个，集中连片屋顶资源丰富。据初步调查统计，全省可安装分布式光伏发电系统的建筑、构筑物屋顶面积约 8000 万平方米，其中珠三角地区约 6000 万平方米、粤东地区约 1200 万平方米、粤西地区约 900 万平方米、粤北地区约 1100 万平方米，据此估算全省可建设分布式光伏发电装机容量超过 1200 万千瓦。据估算，全省每年新增建筑的屋顶面积超过 2800 万平方米，若其中的 10% 可安装光伏发电系统，每年新增建筑屋顶面积可建设光伏发电装机容量约 30 万千瓦。

（2）地面光伏电站资源。

粤东西北地区土地资源相对丰富，可以利用废弃矿山、滩涂、荒山、坡地、淡水养殖水域等适当布局建设地面光伏电站；在海岛等有人无电地区建设光伏发电系统，解决当地供电问题。据初步调查统计，粤东西北地区可利用闲散土地资源建设地面光伏发电装机容量约180万千瓦。

2. 发展目标

根据《广东省太阳能光伏发电发展规划（2014—2020年）》和《广东省能源发展"十三五"规划》，广东省将鼓励各类社会主体投资建设分布式光伏发电系统，推进各类工（产）业园区、大型公共建筑物等分布式光伏发电项目建设，推广太阳能热水器等太阳能热利用装置，结合建筑节能，普及各种建筑物太阳能热利用技术。预计到2020年，广东省太阳能发电装机达到600万千瓦，到2025年达到800万千瓦，到2035年达到2000万千瓦，分别约占全省总装机规模的3%、4%和7%。

三、水电

广东省水能资源可开发装机容量不足1000万千瓦，主要分布在韶关、梅州、河源、肇庆等粤东西北地区。至2017年底，全省常规水电已开发847万千瓦，几近开发完毕，潜力极其有限，且开发代价逐步加大。

从抽水蓄能电站发展来看，广东省内抽水蓄能站点较为丰富，从迄今已开展的站址普查及选点规划来看，全省共有68个抽水蓄能站点（不含已建和在建的广蓄、惠蓄、清蓄、深蓄、阳蓄、梅蓄6个站点）。其中，除在运和核准在建的抽水蓄能电站外，西部地区较为优秀的站址有上大水坑（恩平）、党山（肇庆）、石槽（肇庆）、天堂（清远）、下坪（清远）、新丰（韶关）、浪江（肇庆）、水源山（云浮）、走马坪（阳江）等9个站址；东部地区主要有中洞（惠州）、岑田（河源）、三江口（汕尾）、黄田（河源）、黄屋（梅州）等 5 个站址。除去上大水坑、水源山、中洞等，其余站址都位于珠三角之外，主要分布在清远、肇庆、河源等地。全省优选站址资源可支撑全省抽水蓄能电站总装机规模约 3000 万千瓦（含在运及核准在建的 968 万千瓦抽水蓄能）。

四、核电

根据《中国核电中长期发展规划》和《广东省能源发展"十三五"规划》，广东将安全高效发展核电，建成阳江核电、台山核电一期工程，推动陆丰、惠州等后续项目开工，到 2020 年核电装机规模达到 1600 万千瓦，到 2025 年达 1860 万千瓦，到 2035 年达 2860 万千瓦，分别约占全省总装机规模的 9%、10% 和 12%。

五、其他可再生能源

1. 生物质能

据统计，华南地区每年可利用的农作物秸秆量为 3200 万吨，折标煤量约为 1400 万吨，除了部分可用于工农业循环使用外，60% 的秸秆量都可能被遗弃或者直接焚烧处理。经过多年的探索前进，广东省生物质能利用技术呈现多元化发展，生物质成型燃料、生物质燃气、生物质发电等多种燃料技术不断进步，应用技术亦渐趋于成熟。根据《广东省能源发展"十三五"规划》，全省将因地制宜开发利用生物质能，合理有序利用垃圾发电、农林生物质发电、生物质燃气和成型燃料集中供热、生物液体燃料等生物质能发展。预计到 2020 年广东省生物质能发电装机达 120 万千瓦，到 2025 年达 200 万千瓦，到 2035 年达 500 万千瓦，分别约占全省总装机规模的 1%、1% 和 2%。

2. 地热能

广东省地热资源探明储量有一定基础，主要以浅层水热型资源为主，开发潜力较大。90℃ 以上的地热田大部分并不是直接作为能源利用，只有丰顺邓屋应用发电，其他仍以洗浴、疗养等简单粗放的利用为主。另外，地源热泵在我国北方已广泛应用于城市居民生活的集中供暖等。目前广东仅有几个应用项目，明显落后于全国。广东的地表水系发达，地下水与河水有直接联系，利于抽取浅层水，且雨量充沛，地下水能及时得到采补平衡。地源热泵在热交换过程中可利用的温度差值，广东比寒冷的北方更具优势，节能效果更好。广东气候和地质条件、资源特征适合推广应用地源热泵技术，可为酒店、大型商场、办公楼、学校等大型建筑物集中供暖制冷，并以夏季制冷为主，其节能减排的经济社会效益不可估量。

3. 海洋能

广东一直在探索海洋能的开发利用，在波浪能、海水温差能和海水盐差能开发利用方面有不少示范工程，但由于受技术水平、经济成本、场址资源、维护难度、设备质量等因素制约，海洋能发展整体上还处于探索阶段。

（1）波浪能。

2010年中国首个波浪能发电项目落户广东葛洲岛，是我国首个利用国外技术建设的波浪能电站，技术水平在国内处于领先。该站电装机容量为5万千瓦，年发电量约3亿千瓦时。2013年，中科院广州能源所自主研发了100千瓦漂浮鸭式波浪能装置，并取得试验成功，2014年建成平均发电功率50千瓦的波浪能装置，并在珠海市大万山岛波浪能试验场进行实验示范，为我国海洋能发展打下了坚实的基础。

（2）海水温差能。

海水温差能利用的最大困难是温差小，能量密度低，其效率仅有3%左右，而且换热面积大，建设成本高，目前各国仍在积极探索中，我国尚未建成实海运行的实验电站。广东从20世纪80年代初开展温差能发电研究，研究水平走在国内前列，1986年研制完成开式温差能转换试验模拟装置，实现电能转换，1989年完成雾滴提升循环试验研究。

（3）海水盐差能。

我国海水盐差能领域还处于基础理论研究阶段，尚未开展能量转换技术的实验，离示范应用还有较长的距离。1989年，中科院广州能源所进行了开式循环过程实验室研究，建有2座容量分别为10瓦、60瓦的实验台。

第二节　广东能源发展总体概况

改革开放40年来，广东积极构建稳定、经济、清洁的能源供应体系，采取能源开发与节约并重的方针，加强能源基础设施建设，拓宽能源供应渠道，不断提高能源生产技术水平，优化能源结构，提高能源利用水平，有效地保障广东经济社会发展和人民生活需要。

一、能源供应能力稳步提升

到2017年底，广东省内电源装机容量约1.1亿千瓦，其中，煤电约6000万千瓦、气电1600万千瓦、核电1050万千瓦、抽水蓄能640万千瓦、水电850万千瓦、风电340万千瓦、光伏发电330万千瓦、其他约100万千瓦；全省原油加工能力达到6200万吨/年，主要包括茂名石化2000万吨/年、湛江东兴石化500万吨/年、广州石化1320万吨/年、惠州炼化2200万吨/年；全省天然气设施供应能力达到约470亿立方米/年，其中，陆上管道天然气140亿立方米/年、海上天然气100亿立方米/年、进口液化天然气接收站230亿立方米/年。在能源储运体系方面，广东已建成珠三角成品油管道，形成连接全省所有油源供应点，并通达粤西和珠三角主要城市的成品油管网，全省成品油输送管道里程约2700公里。初步形成珠三角地区天然气主干管道内、外环联网，并连通粤北地区的输气管网格局，全省天然气供应主干管道约2200公里。形成以海运为主，铁路、公路和内河运输为辅的煤炭运输体系，全省煤炭运输中转能力约2亿吨。广东电网以珠三角地区500千伏主干环网为中心，向东西两翼及粤北延伸，通过"八交九直"高压输电线路与中西部电网联网，至2017年110千伏及以上线路69 310公里，变电容量35 799.3万千伏安，已实现覆盖全省所有城乡，连接省内外和港澳地区，电力外购外售渠道畅通，形成一个结构合理、安全可靠、适度超前的现代化电网。

2010年、2015年、2017年广东省能源供应能力指标如图3-1所示。

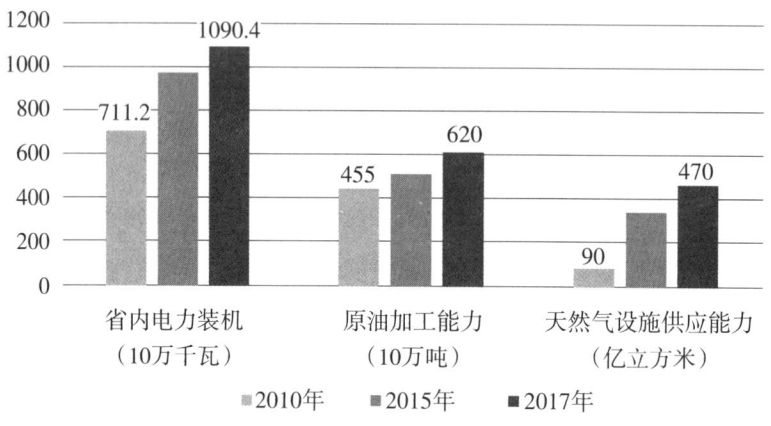

图3-1 广东省能源供应能力指标

二、能源消费总量平稳较快增长

受经济发展带动，"十三五"前两年广东省能源消费总量年均增长3.58%，比国家下达的控制目标增速高1.28个百分点。2017年能源消费总量达32 342万吨标准煤，其中，煤炭消费约1.72亿吨，比规划预期目标少300万吨；石油消费约5209万吨，年均增长4%；天然气消费量195亿立方米，年均增长16%；全社会用电量5959亿千瓦时，年均增长5.93%。"十三五"后3年全省GDP增速将保持在7%以上，后续还将投产大型炼化等重大项目，国家下达的能耗总量控制指标难以支撑广东经济社会发展，完成国家下达的控制目标难度很大。

2011—2017年广东省能源消费总量及其增速如图3-2所示。

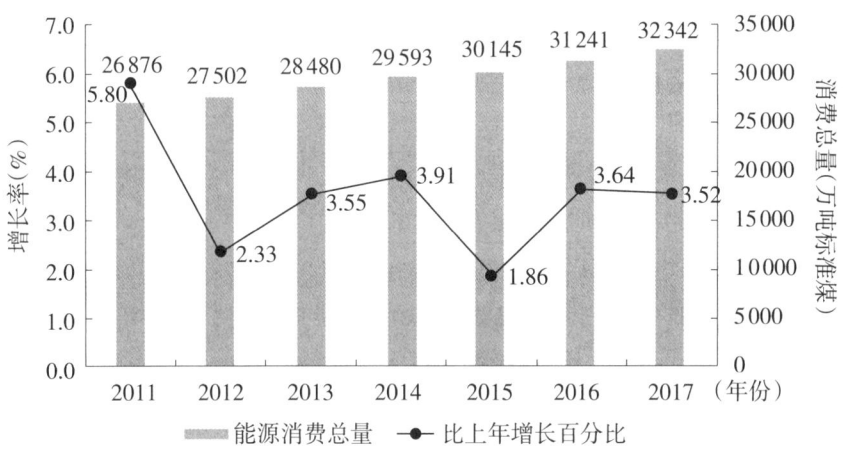

图 3-2 广东省能源消费总量及其增速

三、能源消费结构逐步清洁低碳化

广东省一次能源消费结构中，煤炭、石油、燃气和其他能源的比重由 2015 年的 40.5%、24.6%、8.3%、26.6% 调整为 2017 年的 38.0%、23.0%、10.1% 和 28.9%，燃气和其他能源（包括西电、可再生能源、核电等）的比重提高，石油比重下降，煤炭消费得到有效控制；非化石能源消费比重由 2015 年的 20% 提高到约 22.5%。其中，煤炭消费比重远低于全国平均水平 20 个百分点以上，油气比重高于全国平均水平约 10 个百分点；非化石能源消费比重高于全国平均水平 8 个百分点。但与世界平均水平 28%、经济合作与发展组织（OECD）国家水平 17% 相比，广东煤炭消费占比仍然偏高；天然气消费比重仍远低于世界平均水平 24% 和 OECD 国家水平 27%。而且，广东可再生能源资源条件一般，核电建设发展由于受国家总体调控，建设进度缓慢，在一定程度上影响能源结构调整进步。①

广东省与全国能源消费结构如图 3-3 所示。

---

① 2017 年煤炭消费量为 2017 年下半年国家统计部门调整统计口径后的 1.72 亿吨，2015 年仍为《规划》原数据 1.75 亿吨。

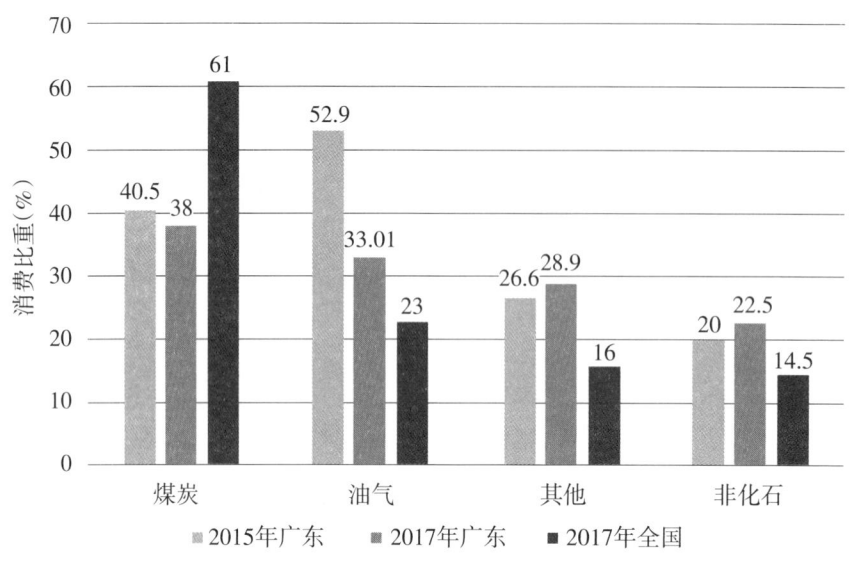

图 3-3 广东省与全国能源消费结构

四、能源综合利用效率稳步提高

到 2017 年底,广东省 10 万千瓦及以上(不含 W 火焰锅炉和循环流化床)煤电机组已按国家要求全部完成超低排放和节能改造,"十三五"以来累计关停煤电机组 143.5 万千瓦,全省火电厂供电标煤耗下降到 297 克/千瓦时,比 2015 年降低 13 克/千瓦时,每年节约标煤约 400 万吨;2017 年全省单位 GDP 能耗 0.38 吨标准煤/万元,居全国第二低位,远低于全国 0.543 吨标准煤/万元的水平,接近世界平均水平(按汇率计算);"十三五"以来全省单位 GDP 能耗比 2015 年累计下降 7.23%。

图 3-4 为广东省与国内外发达地区能耗强度。[①]

[①] 由于其他地区暂未公布 2017 年能耗强度数据,此处以 2016 年水平进行比较。

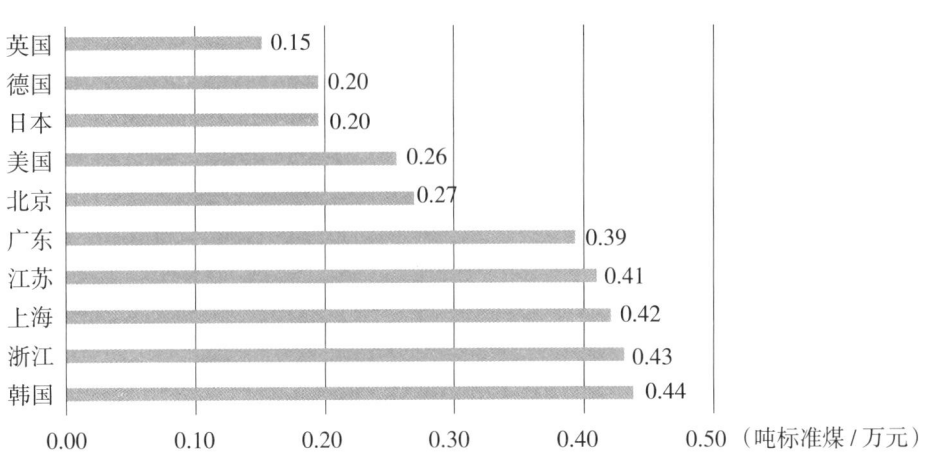

图 3-4　广东省与国内外发达地区能耗强度（2016 年）

第三节　广东能源碳排放基本特征

一、总体概况

"十二五"和"十三五"期间，广东省经济社会保持平稳较快发展，经济发展直接带动能源消费总量和二氧化碳排放持续增加。2010—2017 年，广东省经济总量从 46 544 亿元增加到 81 090 亿元，年均增速约 8.25%，带动能源消费总量从 25 445 万吨增加到 32 342 万吨，年均增速 3.49%，能源消费产生二氧化碳排放从 4.8 亿吨增加到 5.7 亿吨，年均增速 2.31%。

总体上来看，二氧化碳排放变化趋势与能源消费呈现高度的正相关，但二氧化碳排放增速要低于能源消费增速，这说明近年来广东省能源结构持续优化，含碳能源比重也逐年下降。

2010—2017 年广东能源消费总量和二氧化碳排放变化趋势如图 3-5 所示。

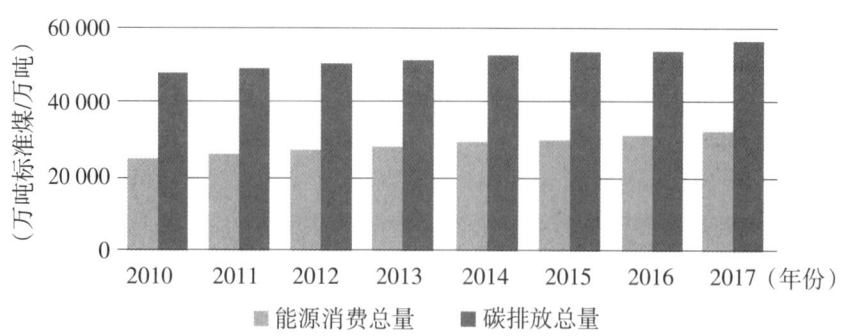

图3-5 广东能源消费总量和二氧化碳排放变化趋势

二、碳排放行业特点

1. 碳排放主要领域

从部门构成看，2017年广东能源工业（包括电力生产、油气开采和固体燃料）碳排放2.66亿吨、工业与建筑业排放1.86亿吨、交通运输排放0.62亿吨、居民生活排放0.32亿吨、其他（包括农业、服务业和非能源利用）排放0.20亿吨，五个领域碳排放构成比例从2010年的44.2%、37.7%、10.5%、4.6%、3.0%调整到2017年的46.9%、32.9%、11%、5.7%、3.5%（图3-6）。

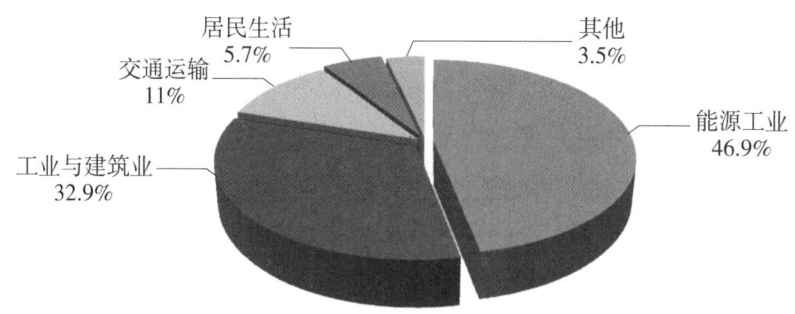

图3-6 2017年广东能源消耗碳排放领域构成

综合来看，能源工业和工业与建筑业是广东能源活动碳排放的最大来源，比重合计超过80%，但随着近年节能减排行动的深度执行，工业与建筑业碳排放表现出一定的下降趋势，而居民生活却变为增长幅度最大的领域。

2. 碳排放重点行业

从行业来看，2017年广东省碳排放量最大的六个行业排放总量约为3.9亿吨，占总排放量68.6%。

其中，电力、热力生产与供应业、非金属矿物制品业和黑色金属冶炼及压延加工业是广东碳排放量最大的部门，分别排放2.81亿吨、0.56亿吨和0.31亿吨碳，分别占全省碳排放总量的49.7%、9.9%和5.5%；其次是化工行业、石油加工和造纸行业，这三个行业碳排放总量约0.20亿吨，约占总排放量的3.6%。

相比2010年，全省六大行业碳排放量占总排放量的比重略有下降，但不明显，这说明广东省含碳能源利用主要集中在高耗能产业，高耗能产业能源消费结构呈现高碳化的现状在短期内很难改变，高耗能产业机构和能源结构调整是未来广东省控制碳排放"双控"的重要抓手。

2010年与2017年碳排放较大的六个行业统计比较如表3-1所示。

表3-1 碳排放较大六个行业统计

行业	2010年		2017年	
	碳排放量（万吨）	占比（%）	碳排放量（万吨）	占比（%）
电力、热力生产与供应业	25 523	50.5	28 138	49.7
非金属矿物制品业	5789	11.4	5631	9.9
黑色金属冶炼及压延加工业	2357	4.7	3121	5.5
化工行业	545	1.1	703	1.2
石油加工	721	1.4	702	1.2
造纸行业	549	1.1	614	1.1
合计	35 484	70.2	38 909	68.6

三、碳排放地区特点

根据各地市各部门含碳能源分品种消费量,分别计算其碳排放情况,分析碳排放总量、单位 GDP 碳排放和人均碳排放等方面特点。

1. 四大区域碳排放

珠三角、粤西、粤北和粤东四大区域碳排放情况如下:

(1) 碳排放总量。

与经济规模和能源总量相一致,珠三角地区碳排放总量位居广东四大经济区域首位。2017 年,珠三角地区碳排放总量为 3.73 亿吨,比 2010 年增长 8.9%,占全省碳排放总量 65.4%,约是粤东地区碳排放总量的 7 倍(图 3-7)。

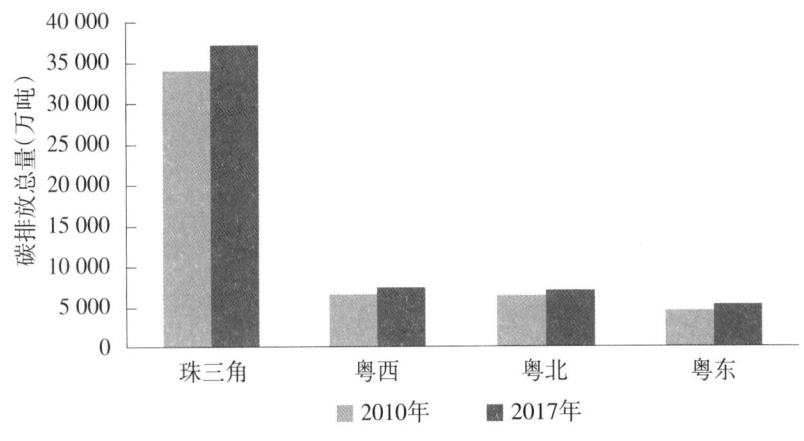

图 3-7 广东碳排放总量区域分布

(2) 单位 GDP 碳排放。

"十二五"以来,四个经济区域单位 GDP 碳排放均呈下降趋势,其中粤北地区由于基数大,近年产业转移经济效果显现,单位 GDP 碳排放降幅最大,年均下降约 6.8 个百分点。珠三角地区单位 GDP 碳排放最小,为 0.542 吨/万元(2010 年价),低于全省平均水平。虽然粤北地区年均降幅大,但由于地区高耗能重工业比重较大,单位 GDP 碳排放仍高达 1.418 吨/万元，约为珠三角地区的 2.5 倍和全省平均水平的 1.8 倍（图 3-8）。

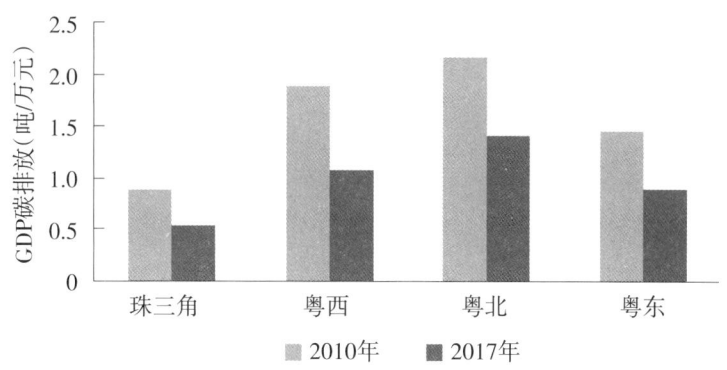

图 3-8　广东单位 GDP 碳排放强度区域分布

3. 人均碳排放

由于经济规模和能源消费量高度集聚，珠三角地区人均碳排放为 6.06 吨/人，超出全省平均水平 35%，约是粤东地区的 2 倍。粤东地区人均碳排放增幅最大，2017 年人均碳排放为 3.04 吨/人，比 2010 年增长 12.5%。

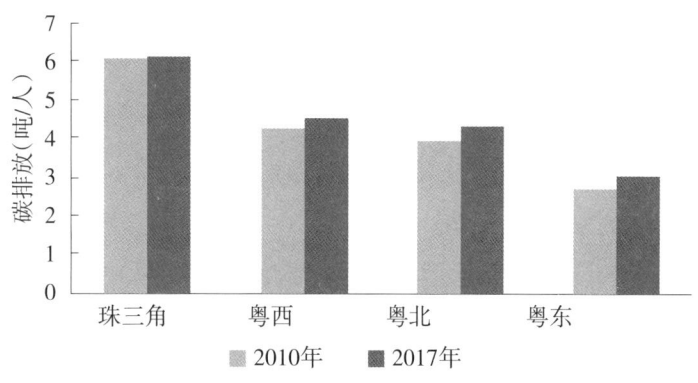

图 3-9　广东人均碳排放区域分布

四、重点地市碳排放

1. 碳排放总量

从空间分布来看,广东地市碳排放总量呈现由珠三角向周边地市逐渐减小的"核心-外围圈层"结构(图3-10)。其中,核心区以广州、深圳和佛山为重点排放地市,外围区以茂名、清远和韶关为重点排放地市。2017年,广州碳排放总量最大,为1.03亿吨,是碳排放量最低地市(汕尾)的18倍。全省地市碳排放总量增长不大,其中惠州以年均增速5.8%排名首位,到2017年碳排放总量达到0.42亿吨。

2. 单位GDP碳排放

与碳排放总量空间格局不同,受到产业结构高级化程度和能源消费品质影响,广东地市单位GDP碳排放呈现由珠三角向周边地市逐渐增长的"核心-外围圈层"结构(图3-11)。"十三五"以来,广东大部分地市单位GDP碳排放均呈现下降态势(除了阳江和湛江由于有高耗能项目投产导致碳排放不降反升),其中佛山和东莞下降最为明显,2017年佛山和东莞碳排放较2015年分别下降20.41%和19.68%,但单位GDP碳排放仍远高于深圳,韶关单位GDP碳排放为全省最高,约为1.957吨/万元,是最低水平深圳(0.242吨/万元)的8倍。

3. 人均碳排放

与碳排放总量空间分布特征相似,广东地市人均碳排放也呈现由珠三角向外围地市逐渐减小的"核心-外围圈层"结构(图3-12)。"十二五"以来,广东大部分地市人均碳排放有所增长,其中,惠州年均增长5.2%排名首位,到2017年增至6.5吨/人;受到人口数量增长的稀释作用,广州、佛山、东莞、清远人均碳排放呈下降趋势,其中,广州人均碳排放年均下降1.4%、佛山下降3.4%、东莞下降1.6%、清远下降9.3%。

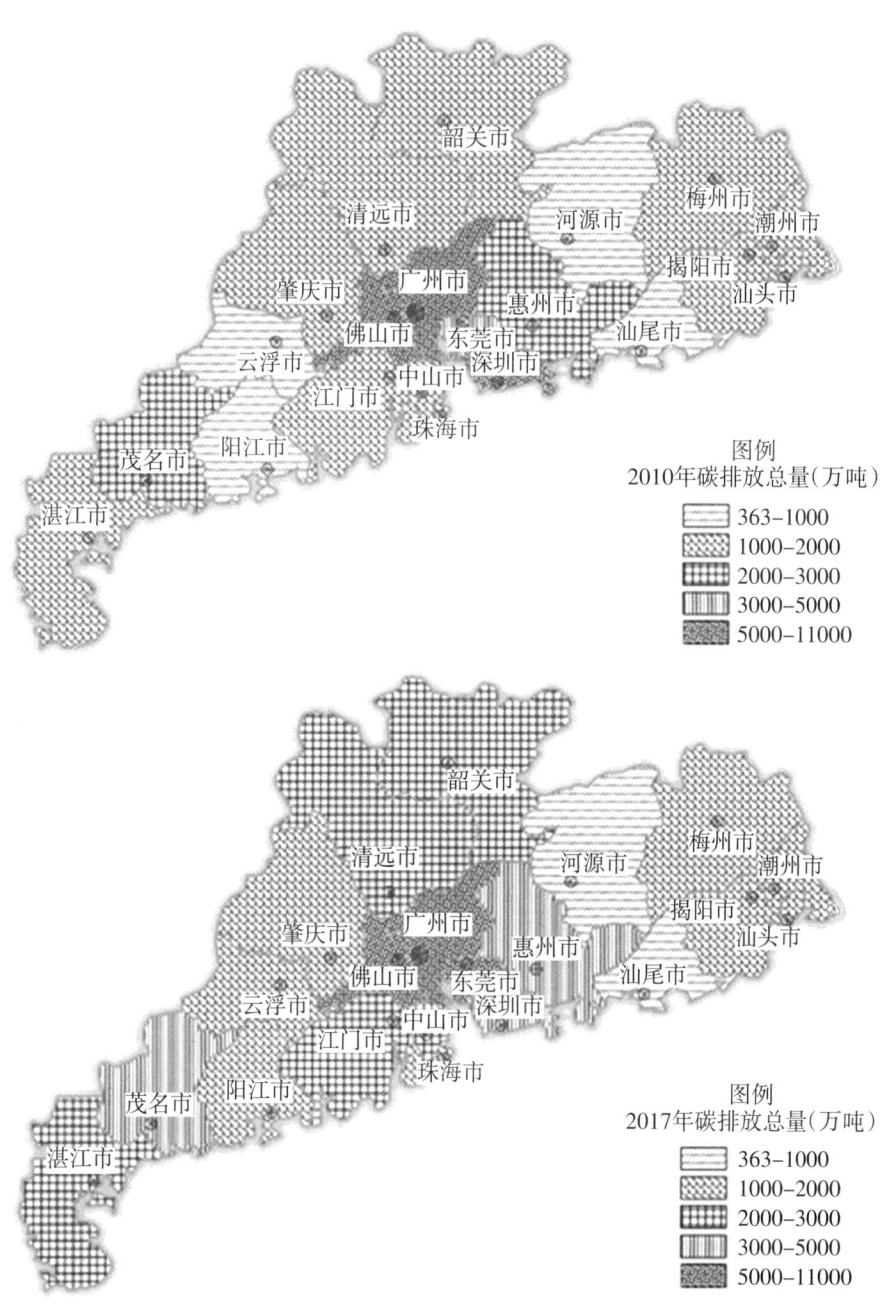

图 3-10 广东地市碳排放总量空间分布

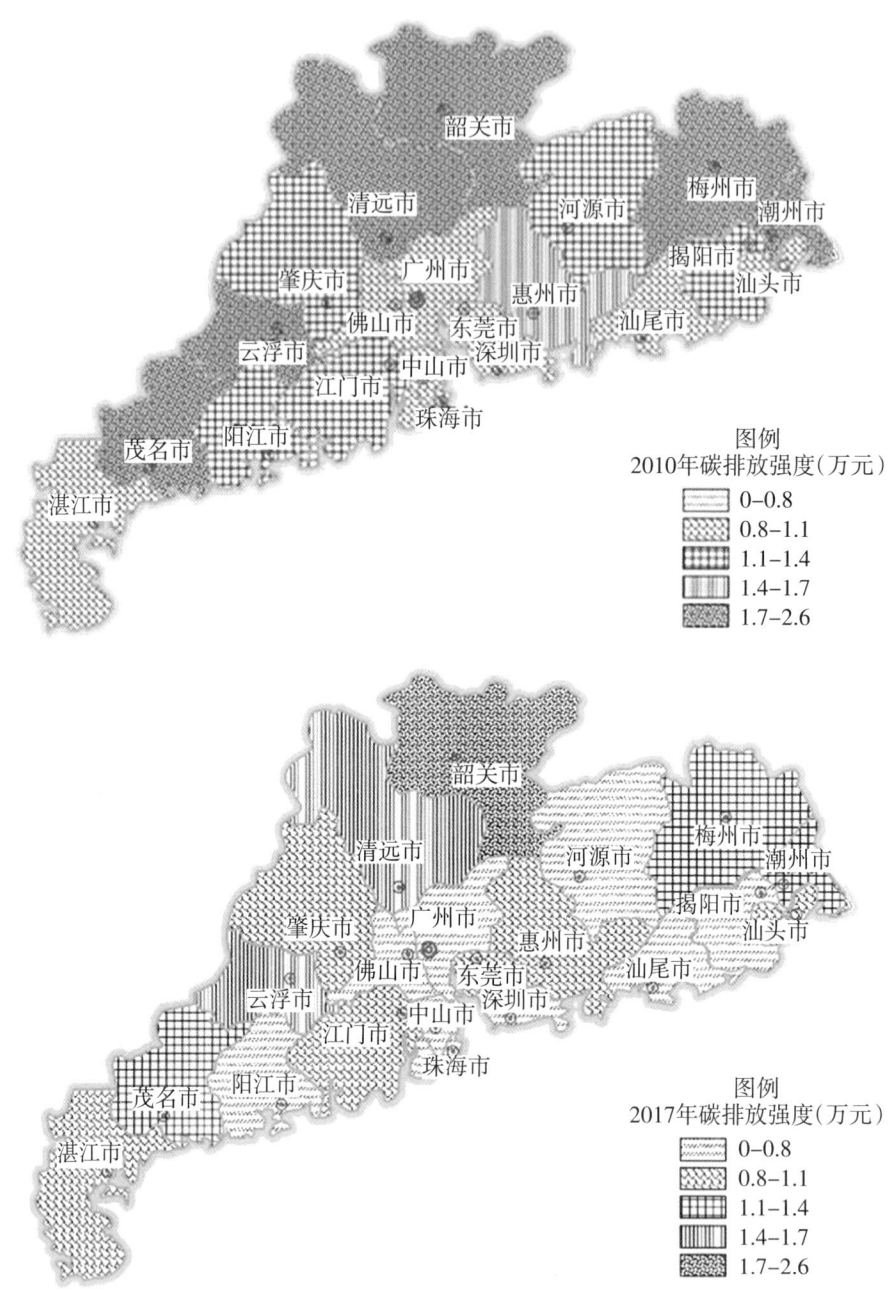

图3-11 广东地市单位GDP碳排放强度空间分布

第三章 广东能源低碳化发展基础

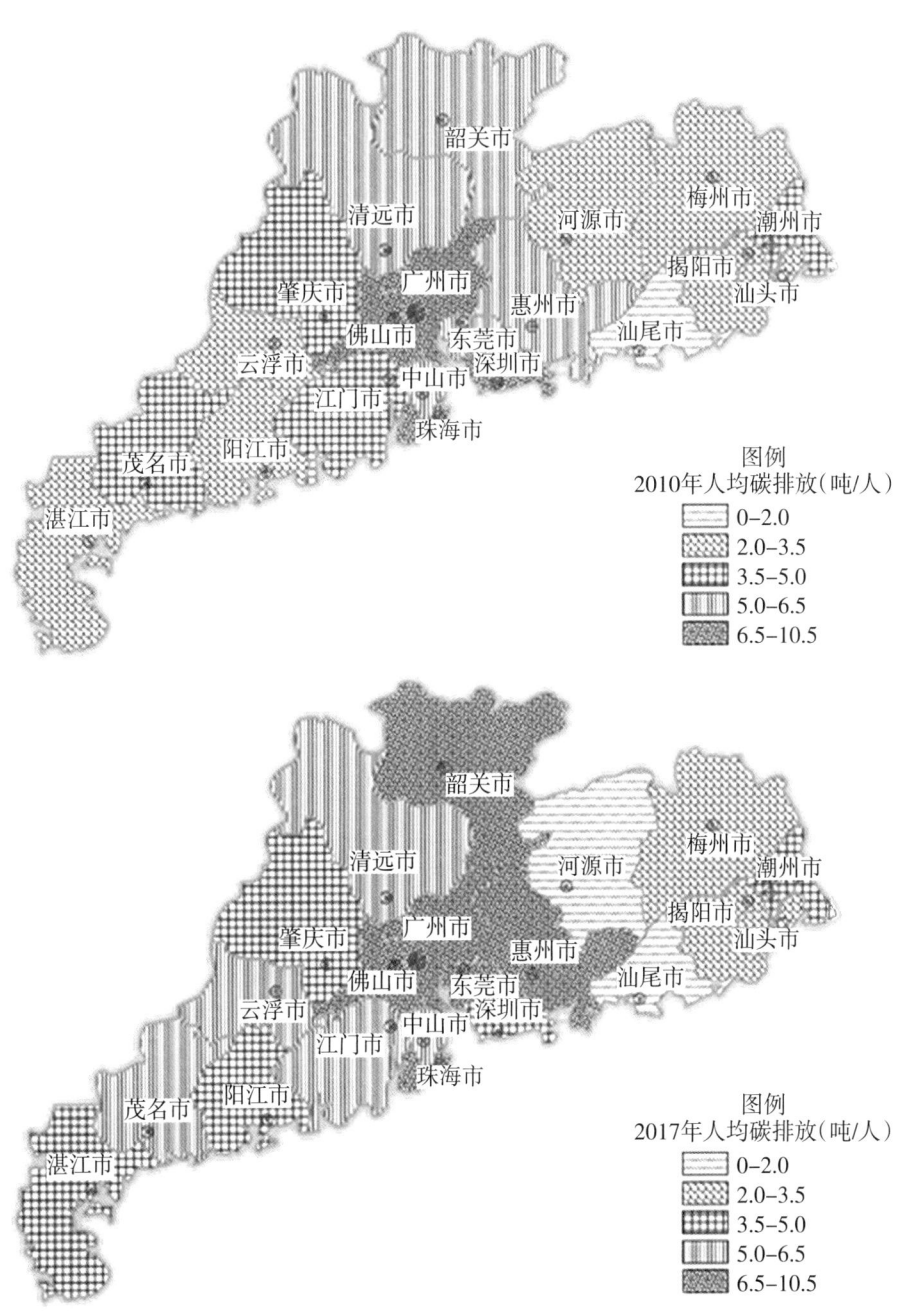

图 3-12 广东地市人均碳排放空间分布

第四章

广东能源低碳化转型发展问题

第一节 能耗"双控"与经济稳增长

一、广东能耗"双控"目标

根据《国务院关于印发"十三五"节能减排综合工作方案的通知》（国发〔2016〕74号），到2020年，广东万元国内生产总值能耗比2015年下降17%，能源消费总量控制在3.38亿吨标准煤以内（年均增长约2.3%）。其中，广东与北京、天津、河北、上海、江苏、浙江、山东实施全国最严格的能耗强度降低目标；相应地，以上省市能源消费总量年均增长速度控制目标为1.6%~2.4%，也属于全国最严格档次（表4-1）。

表4-1 "十三五"各地区能耗总量和强度"双控"目标

地区	"十三五"能耗强度降低目标（%）	2015年能源消费总量（万吨标准煤）	"十三五"能耗增量控制目标	
			新增量（万吨标准煤）	年均增长（%）
广东	17	30 145	3650	2.3%
北京	17	6853	800	2.2%
天津	17	8260	1040	2.4%
河北	17	29 395	3390	2.2%
上海	17	11 387	970	1.6%
江苏	17	30 235	3480	2.2%
浙江	17	19 610	2380	2.3%
山东	17	37 945	4070	2.1%
安徽	16	12 332	1870	2.9%
福建	16	12 180	2320	3.5%
江西	16	8440	1510	3.3%
河南	16	23 161	3540	2.9%
湖北	16	16 404	2500	2.9%
湖南	16	15 469	2380	2.9%

续表 4-1

地区	"十三五"能耗强度降低目标（%）	2015年能源消费总量（万吨标准煤）	"十三五"能耗增量控制目标 新增量（万吨标准煤）	"十三五"能耗增量控制目标 年均增长（%）
重庆	16	8934	1660	3.5%
四川	16	19 888	3020	2.9%
山西	15	19 384	3010	2.9%
辽宁	15	21 667	3550	3.1%
吉林	15	8142	1360	3.1%
黑龙江	15	12 126	1880	2.9%
陕西	15	11 716	2170	3.5%
内蒙古	14	18 927	3570	3.5%
广西	14	9761	1840	3.5%
贵州	14	9948	1850	3.5%
云南	14	10 357	1940	3.5%
甘肃	14	7523	1430	3.5%
宁夏	14	5405	1500	5.0%
海南	10	1938	660	6.0%
西藏	10	—	—	—
青海	10	4134	1120	4.9%
新疆	10	15 651	3540	4.2%

二、广东能耗"双控"完成情况

由于国家下达广东的能耗"双控"目标无法满足广东省发展需要，虽然认真落实节能减排工作各项部署，大力优化产业和能源结构，加强重点领域节能，全省单位 GDP 能耗连续多年位于全国第二低位，2017 年仅相当于全国平均值的 67%，但"十三五"前 2 年全省能耗总量仍累计新增 2197 万吨标准煤，占国家下达广东省"十三五"能耗增量控制目标进度的 60.2%，连续 2 年未完成国家提出的年度能耗总量控制目标。

第四章 广东能源低碳化转型发展问题

2018年,广东全省能耗强度同比下降3.38%,完成了下降3.2%的年度目标,能耗总量同比增长3.16%,完成了增长3.71%的年度控制目标。从"十三五"前3年进度目标完成情况看,广东全省能耗强度累计下降10.37%,仅完成"十三五"下降目标(17%)的58.71%,未达到国家控制进度目标要求(60%);全省能耗总量累计新增3218.5吨标准煤,达到"十三五"控制目标(3650吨标准煤)的88.18%,未完成国家控制进度目标要求(60%)。

三、广东能耗"双控"面临问题

"十三五"后2年形势不容乐观,虽然国家布局广东的中海油二期和中科炼化两个"十三五"投产的项目实行单列考核应该问题不大,也预计在此情况下广东可以超额完成"一票否决"的能耗强度目标,但考虑到扣减石化项目能耗量后,广东2018年能耗总量控制进度目标仍然高达76.73%,超出国家要求控制在60%的进度目标16.73个百分点。

初步预计,"十三五"后2年随着一批重大项目建成投产和城镇化推进,能源消费需求将维持前2年年均增长3.5%的水平,到2020年达到3.59亿吨标准煤,比国家下达广东省3.38亿吨标准煤的"十三五"能源消费总量控制目标超过2100万吨标准煤,可见广东完成"十三五"后2年和整个"十三五"能耗总量目标仍具有不确定性。

四、能耗"双控"的经济增长影响分析

从全球经济发展规律、我国经济阶段特征以及广东省"三个定位、两个率先""建设现代能源体系"的目标要求来看,广东省将从中上等人均收入向中高收入阶段迈进,同时率先实现全面建设小康社会。旧常态以GDP为中心,以投资为主导、技术进步不足的粗放式高增长,是严重破坏资源环境、不可持续的发展模式,必须促使经济转向新的增长模式并且实现与之对应的新常态,由此确立合理能源消费需求和

控制目标。相应地，控制能源消费总量能否促进经济发展方式转变、探索科学发展，主要从经济增长、项目投资、短期成本、长期效应、区域经济和能源转型等层面加以分析。

1. 引导经济增长进入新常态

改革开放以来，广东省是全国经济发展最快、对外经济贸易最发达、最具市场活力和投资吸引力的地区之一，在全国由于财政赤字、信贷膨胀、消费行为突变、金融调控体系失效等原因导致经济过热的大环境中，广东省也曾经出现了短期经济过热现象。例如1984—1988年全省GDP增速为12%～19%，1991—1995年更是高达15%～23%，此后10%～12%持续到2002年，而2003—2007年又进入新一轮快速增长期，全省GDP增速始终超过14%，经过2008年国际金融危机至今，仍然保持10%左右的高速增长。相应地，在粗放型发展模式下，经济增长越快，越依赖于能源资源投入，增长就越不合理。

根据能源消费增长因素的分解结论，从能源需求、单位能耗和经济增速的关系来看，能源需求由当前经济基础（规模、结构和模式等）、当前能源消费量、经济增长潜力和单耗下降率共同作用，仅从数学公式的变量来看，则由当前能源消费量、经济增长潜力（$p\%$）和单耗下降率（$q\%$）决定。

$$能源需求 = 当前GDP \times (1+p\%) \times \frac{当前能源消费}{当前GDP} \times (1-q\%)$$
$$= 当前能源消费 \times (1+p\%) \times (1-q\%)$$

节能减排的实践表明，过去单一约束单位GDP能耗既难以控制能源消费总量，也不能抑制经济过快增长。但是，在约束单位GDP能耗的基础上，再实施能源消费总量控制约束，则转换公式得到经济增速 $p\%$ 如下：

$$经济增速 p\% = \frac{能源需求}{当前能源消费 \times (1-q\%)} - 1$$

广东省"十二五"单位GDP能耗实际下降21%超过规划目标（下降18%）表明，如果制定合理的能源消费总量控制和单位GDP能耗下降目标，采取充分的措施推动节能减排成效能够切实推进经济增长、总量控制和单耗下降的"一挂双控"顺利实施，有利于抑制经济过热过快增长，引导经济增长由过去10%以上的高速增长转为7%~8%的中高速增长的新常态。

2. 抑制高耗能项目密集建设

在实施能源消费总量控制之前，设定单位产值能耗下降目标是约束地区能源消费过快增长的重要措施。当前实践中，各地区为了上马高耗能重大项目，常常通过两种手段规避单位产值能耗下降约束，一是以项目耗能占该地区能源消费总量的比重为指标，说明单个项目耗能量占全社会能源消费总量比例较小，对地区单位产值能耗扰动较小；二是通过计算项目产值单耗并将该单耗与地区平均单耗或者同类项目单耗进行对比，说明该项目的单耗仍属较低水平、具有技术先进性。

从节能降耗与经济发展的意义上说，以上两种手段是基于高耗能项目往往也是高产值行业、在增加地区能源消费总量的同时增加地区GDP规模，这一"两高两增"的属性，既满足了地方追求GDP的导向，也可以顺应单位产值能耗下降的要求，因此存在一定的发展空间。但是，广东省重化工业发展倾向显著，粤东西北地区正处于工业化进程加快时期，依然具有建设高耗能项目的较强刚性需求。从"十二五"拟新上重点项目来看，粤东地区预计新增石化、电力和有色金属项目用能超过830万吨标准煤，占2010年全区能源消费量比重约40%；粤西地区预计新增钢铁、石化、电力和水泥项目用能超过1800万吨标准煤，占2010年全区能源消费量比重约70%；粤北地区预计新增电力、水泥、建材和石化项目用能超过1200万吨标准煤，占2010年全区能源消费量比重约40%。"十二五"期间，粤东西北地区预计新增电力、石化、钢铁等重点项目用能超过3830万吨标准煤，占全省能源消费总量预计新增量的比重约40%。

当一个地区新上重大项目较多，而且大多是中、高能耗行业的情况时，该地区能源消费总量就会迅速上升，带来一系列生态环境问题，甚至突破生态环境承载力。因此，从单一考虑项目耗能经济性的角度出发设定单位产值能耗下降目标，再增加控制地区甚至行业能源消费总量的"双控"政策，既可以约束单个高耗能项目的产值能耗，提高能效水平，也能够避免某一地区或行业过于密集建设高耗能项目，抑制不合理能源消费需求。

3. 短期内加大社会能源成本

从能源消费与经济发展的演化历程来看，合理的能源消费需求是保障经济增长的必要条件，高品质的能源品种也是经济社会可持续发展的必然要求，但是需要妥善协调能源品种高级化的成本和经济社会转型的承受力，否则将产生不利影响。

由于短期内区域产业结构升级和行业内部结构调整无法及时完成相应的结构性节能，地区经济稳定发展对能源的客观合理需求无法得到满足，控制能源消费总量将对经济增长和产业发展带来较大影响，甚至导致大部分有潜力升级的产业由于控制力度过于严格而在短期内萎缩甚至枯萎，从而阻滞区域产业结构升级，造成区域经济发展在较长一段时间内无法回归到合理的增长水平。

广东省经济总量虽大，但对外依存度高，经济发展容易受到国际大环境的影响，经过改革开放40年来，广东第二产业发展中仍存在大量过去积累下来的传统轻工业，重工业虽然增长较快，但由于国家近年来对大型机车制造、大飞机制造、大型船舶制造以及重型铸件制造等高端制造业的布局已具雏形，广东未来高端重工业发展方向仍不够明确，产业升级的方向有待深入研究和探索，在这样的一种过渡阶段，若实施过于严格的能源消费总量控制，由于区域能源消费的增量空间收窄，在存量空间无法迅速释放的前提下，可能导致原有的支撑性高端制造业受到巨大打击，新的高端产业也难以顺利布局的负面状况。

当能源消费总量控制过于严格，由于能源结构被强制性加速改变，以天然气为主的清洁但成本高的能源将成为唯一的选择，这必然迅速拉高全社会用能的整体成本。假设广东省一次能源消费结构中天然气比重上升1个百分点、煤炭比重下降1个百分点、其他能源比重不变的情况下，按照煤炭价格800元/吨、天然气价格3.5元/立方米测算，到2020年全省能源使用成本将增加49亿元；若以煤炭70%用于发电、天然气50%用于发电，煤电单耗287克标准煤/千瓦时、气电单耗0.22立方米/千瓦时测算，则到2020年全省用电成本将增加16亿元。能源作为支撑经济社会发展的基础资源，其价格和成本具有很强的传导作用和对社会消费意识形态的影响，必将导致全社会消费成本的增加，从而引发整体物价的脉冲式波动，影响区域经济社会的稳定发展。

4. 长期有利于经济转型升级

在历经粗放型经济发展之后，广东省特别是珠三角地区的土地、劳动力和生态环境的供应已经越来越有限，再加上资本投入的边际产出逐步降低（2008—2013年珠三角地区单位固定资产投资的GDP产出2.3亿元/亿元，较2000—2008年下降约1.6亿元/亿元，高出同期全省均值0.5亿元/亿元以上），控制能源消费总量将抑制企业在生产过程中过度依赖能源资源，选择提高技术水平、提升人力资本水平促进经济集约化增长的路径。同时，控制能源消费总量可以改变能源使用成本和倡导节能生产理念，引导消费者节约能源，扩大使用高效节能产品，促进社会绿色集约发展。

在产业结构方面，工业特别是重化工业是广东省能源消费过快增长的主要原因，也是控制能源消费总量的重点实施对象。实施能源消费总量控制，通过行政措施、行业标准、财税和价格手段，提高能耗高附加值低的相对落后产业用能成本和削弱其市场竞争力，最直接影响的就是对新上高耗能项目产生较强的抑制作用，加速落后产能淘汰，长期将倒逼产业升级。此外，严格控制高耗能项目上马，强化高耗能产业用能指标约束，在高耗能行业实施用能置换、煤炭减量替代，倒逼新增高耗能项目必须相应淘汰落后产能。据此，通过合理的能源总量控制，粤东西北地区承接珠三角产业转移坚持高标准门槛，可以强行抑制金属冶炼及加工、非金属矿物制品业、造纸及纸制品业和有色金属冶炼及加工业等能源密集型产业和其他中、高能耗项目上马的冲动，长期将抑制高能耗产业的过度发展，引导生产要素更多地配置到能源边际产出高的非能源密集型行业，比如通信技术、微电子、金融服务行业等，促进产业领域能源强度不断下降，并促使新上项目业主和项目所在地政府千方百计挖掘现有的节能潜力，通过淘汰、替代、市场诱导等方式优化区域的产业结构和行业内部结构，最终促进全省产业结构优化升级。

5. 统筹推进区域间协同发展

优化提升珠三角，支持东西两翼振兴发展和粤北山区生态发展是广东省加快转型升级、建设幸福广东的紧迫任务。控制能源消费总量作为一项新的宏观经济政策，是珠三角和粤东西北地区共同的责任，但是，针对区域发展基础和定位差异，合理控制能源消费总量也要充分观测区域差异化政策导向，统筹推进区域间协同发展。

珠三角地区是广东省人口、产业密集地区，经济已经非常发达，2017年经济规模占全省GDP比重约80%，人均GDP达到约2万美元/人，进入发达地区水平；珠三角地区能源消费规模同样巨大，占全省能耗总量比重超过70%，但是，其污染物排放也占全省比重接近60%，正面临着依靠资源投入的路径依赖束缚和生态环境压力加剧的挑战，亟须加快转型升级。全国大气污染防治行动计划要求珠三角煤炭消费总量到2020年实现负增长，控制能源消费总量将进一步强化珠三角能源指标约束，迫使实行高耗能行业产能总量控制，等量或减量置换掉落后产能，提高新建高耗能项目单位产品（产值）能耗水平，或者制定财政奖励、税收优惠、能源体制机制改革措施等手段，鼓励珠三角逐步削减或关闭高耗能行业产能，压缩落后产能利润空间，并以更高效、更节能的方式向粤东西北地区转移，为发展战略性新兴产业和先进服务业提供足够的空间，促进珠三角地区率先实现转型发展。

粤东西北处于工业化发展的加速期，"十二五"期和"十三五"前半段粤东、粤北、粤西地区工业增加值年均增速均高于珠三角地区，同时，粤东西北地区也是全省重要的生态涵养发展区，提高经济水平是其最为迫切的愿望，这也是进行能源消费总量控制目标分解时需要首先考虑的因素，既要考虑地区经济发展的需求，也要综合考虑其生态环境和资源承载能力，不能任由粤东西北地区继续粗放式发展，带来一些不合理的能源需求，这将促使其必须兼顾经济增长与生态环境保护，尽快转型发展。在产业转移过程中，通过提高转移产业的技术指标和能耗标准，限制落后产能转向粤东西北，鼓励高效节能产业转移，促使粤东西北地区在经济起飞阶段就能形成先进高效节能技术和产业体系，有利于发展后发优势。粤东西北地区可再生能源资源条件较为丰富，但受限于技术条件、利用成本和消纳能力，其开发利用发展步伐仍显缓慢。控制能源消费总量的核心是控制化石能源，相应地则鼓励发展可再生能源。随着能源开发技术不断进步和成本下降，在粤东西北经济加快发展的背景下，势必将为可再生能源发展提供极大空间，有利于推动经济增长和可再生能源开发利用的协同并进。

6. 加快建立现代化能源体系

化石能源特别是煤炭的大规模利用是导致生态环境恶化、温室气体排放增加的主要原因。为此，清洁生产、环保高效已经成为现代化能源发展的必然趋势。控制能源消费总量的核心正是控制化石能源特别是煤炭的开发利用。长期来看，为提高能源利用效率和改善生态环境，广东省社会用煤和电力用煤都将受到严格控制，未来新增电力项目将主要以天然气或其他更加清洁燃料为主，加之部分社会用煤也将转用天然气消费，这势必将导致煤炭在全省一次能源消费中的比例不断下降，提升全省天然气占一次能源消费的比重。

在鼓励开发利用太阳能、风能等可再生能源的基础上，再控制能源消费总量，限制煤炭消费，这必将引导生产者设法加大可再生能源开发，消费者也将更倾向于更多的可再生能源，共同加速可再生能源发展，最终迫使煤炭等化石能源清洁高效利用，并显著抑制煤炭，一定程度抑制石油在能源结构中的地位，逐步构建以可再生能源为主导的绿色、多元、清洁、高效和低碳的现代能源体系。

第二节 煤炭减量与能源消费需求增长

一、广东煤炭消费合理性区间分析

1. 煤炭占能源比重下降空间

近年来,广东省一次能源消费结构持续优质化发展,清洁低碳能源消费比重逐渐提高,在全国处于领先水平,但煤炭占全省一次能源消费比重仍占40%左右,与发达国家相比仍存在较大差距。但也应同时看到,国际经验表明,能源结构的重大调整需要较长的周期,法国在20世纪70年代中期开始采取了重点发展核能的战略调整,经过了近40年的努力才使能源结构由石油为主变成核能(39%)与石油(36%)为主,形成了安全经济优化的多元能源结构。英国、德国等发达国家的能源结构也用了30多年才显著降低了对煤炭和石油的依赖。广东作为国家的一个省份,其能源消费也必然受到国家能源资源禀赋的约束和能源运输条件等的限制。因此,广东能源结构调整也不可能一蹴而就,必将需要一个较长的周期才能实现明显的优化,根据广东省对煤炭消费总量控制的相关研究初步结果,预计到2020年,广东煤炭消费占全省一次能源消费比重将下降到35%~36%,下降4~5个百分点。

根据广东煤炭消费行业分布情况,其中2017年电力行业煤炭消费约占全省煤炭消费总量的65%,水泥、造纸、纺织等其他工业约占35%,与发达国家发电用煤约占比95%相比仍有较大差距。

当前,广东省燃煤电厂平均发电煤耗约为291克标煤/千瓦时,"十三五"期间广东全省小燃煤机组淘汰空间已基本在过去的10年用完,下一步通过淘汰小机组实现燃煤电厂发电煤耗下降的空间已十分有限。同时,省内现有大中型燃煤电厂未来通过节能技术改造实现的节能空间预计将被更加严格的环保措施所抵消（现有电厂预计将在"十三五"期实施更加广泛的减排技术改造，从而提高其厂用电率导致发电标煤耗的上升），因此现有燃煤电厂发电标煤耗下降的空间也将十分有限。根据国家对新建燃煤电厂发电标煤耗的相关规定，新建燃煤发电项目原则上采用60万千瓦及以上超临界机组；100万千瓦级湿冷、空冷机组设计供电煤耗分别不高于282～299克/千瓦时；新建60万千瓦级湿冷、空冷机组分别不高于285～302克/千瓦时；30万千瓦及以上供热机组和30万千瓦及以上循环流化床低热值煤发电机组原则上采用超临界参数；对循环流化床低热值煤发电机组，30万千瓦级湿冷、空冷机组设计供电煤耗分别不高于310～327克/千瓦时，60万千瓦级湿冷、空冷机组分别不高于303～320克/千瓦时。预计未来广东省燃煤电厂节能空间将主要来自于新建项目，预计全省新建电厂平均发电标煤耗可以达到270克标煤/千瓦时以内。

由此可见，在能源资源禀赋、能源市场惯性、生产技术水平等因素的综合作用下，煤炭仍将是广东省能源消费的主导品种，但是，在严格实施节能控需、防治大气污染等外部政策要求下，广东省将加大推广煤炭清洁高效生产利用，抑制和淘汰落后煤炭产能，煤炭占一次能源消费的比重将稳步下降。

2. 行业煤炭消费的变化空间

"十三五"期间，广东省制定实施了《珠三角地区煤炭消费减量替代管理工作方案》，建立煤炭减量替代管理工作机制，分解珠三角地区各地市煤炭减量控制指标。在全省具备条件的工业园区和产业集聚区有序推进集中供热，重点建设能源综合效率较高的天然气热电联产项目，"十三五"以来，通过集中供热替代约6200台分散供热小锅炉（减少煤炭消费约2000万吨），加快淘汰落后煤电产能，关停煤电机组156.5万千瓦，同时推进沙角燃煤电厂等珠三角核心地区老旧煤电机组有序退役。

同时，广东省印发实施了《广东省锅炉污染整治实施方案

（2016—2018年）》，在全省高污染燃料禁燃区（含城市建成区）内依法严格燃煤锅炉准入，其他地区禁止新建10蒸吨以下燃煤锅炉。2016—2018年，全省各地级以上市城市建成区共淘汰燃煤锅炉438台，全省城市建成区已基本淘汰燃煤锅炉。

从广东省和各地市对煤炭消费的实际控制情况看，2016年全省煤炭消费量16 135万吨，比2015年下降452万吨，全省社会用煤正在被加速压缩，东莞造纸行业正在加速进行煤改气替代、佛山和清远的陶瓷行业煤改气也进行得如火如荼。综合上述分析，全省实施天然气热电联产、锅炉淘汰和促进燃煤电厂提高能效，对行业用煤的削减量到2020年将达到约850～1000万吨。

3. 重大项目建设对煤炭消费的影响分析

当一个地区新上重大项目较多，而且大多是中、高能耗行业的情况出现时，该地区的能源消费总量就会迅速上升，带来一系列生态环境问题，甚至突破生态环境承载力。

未来，广东省主要的耗煤项目将主要集中在粤东西北地区，珠三角地区虽然仍会有少量燃煤项目建设，但由于广东省实施的等量替代甚至倍减替代政策，其新建重大项目对区域内的煤炭消费总量不会产生新的压力。粤东西北地区的煤炭项目建设主要集中在三个方面，一是燃煤电厂的建设，二是少量的水泥项目，三是极少量的普通工业项目配套建设的自备燃煤锅炉。燃煤电厂方面，从目前全省在粤东西北地区规划建设燃煤电厂的总体布局看，其机组基本都是单机在30万千瓦以上的大型燃煤电厂，且大部分为单机60万千瓦或100万千瓦的规模化燃煤电厂。水泥项目方面，全省现有水泥产能约1.5亿吨（产量约1.3亿吨/年），主要分布在粤北、粤西和粤东三大水泥生产基地，未来将继续关停小水泥产能100万吨/年，从产能和分布（水泥辐射半径一般按200公里计）来看，全省现有的水泥企业基本可以满足本省的需要，未来新增的产能空间很小，约达到1000万吨/年。其他工业新建项目用煤空间也将非常小，这主要是即使是粤东西北地区，未来企业新建中小型自备燃煤锅炉的可能性空间也非常小,在全省环保和能源消费强控制约束条件下,这块的空间极小,预计不会超过100万吨/年。

二、广东制煤与能源经济协调发展分析

1. 行业发展与用能成本的协调问题

煤炭作为我国重要的能源品种,一直以来是我国最主要的支撑性能源,但是随着我国经济发展的不断加快,煤炭的使用的确存在效率不高、污染大等问题。尤其是煤炭消费中的环境污染问题,已经成为困扰国家和广东省经济社会发展与环境保护之间的一主要矛盾。在煤炭被其他更加清洁能源替代的同时存在着用能成本迅速上升导致产业发展受到明显约束的难题。以天然气为例,目前工业企业用天然气价格在3~3.5元/立方米,产生相同热值的煤炭使用成本仅为1.5~1.8元/立方米(煤炭按目前市场价约800~1000元/吨,热值5000大卡计),相差2倍多。同时,广东省现有传统产业是能源消费尤其是煤炭消费的主力,由于大多处于国际产业链分工中的末端地位,属于资源密集型低端产业,用热量较大,且产业竞争力正在逐年不断弱化,产业对热价的敏感程度普遍较大。

可见,虽然天然气更加清洁、利用效率更高,但高昂的价格导致其在各类工业企业和电力部门推广使用步伐较为缓慢,天然气规模化利用受到了明显抑制,产业生存与环保要求之间存在着较为突出的矛盾。此外,电力行业是煤炭消费的主要部门,目前广东省有大中型燃煤电厂以及在建和规划新建的燃煤电厂,其环保措施已经在"十一五"和"十二五"期间得到显著的加强,尤其是单机30万千瓦以上燃煤电厂,其脱硫效率均达到90%以上,在建和新建燃煤机组其脱硫效率可以进一步达到95%~98%以上,烟尘和氮氧化物方面也都得到了很好地把控,并且全部实现了污染物排放的在线监测。

综合来看,产业发展、生态约束、低碳约束、能源总量控制(煤

炭、电力总量控制）以及能源成本问题将成为未来广东经济社会与能源发展中相互交织、相互影响、相互依赖的主要问题，产业发展与用能成本、环境保护之间需要进行更加有效的协调。

2. 煤炭消费与环境保护的协调问题

随着"十一五"和"十二五"期间广东省针对电力行业开展的一系列节能减排措施，煤电在污染物排放控制方面的潜力已经得到了较为深入的挖掘，按照目前全省约5500万千瓦煤电在2020年以前全部实现"近零排放"标准，其 SO_2 和 NO_x 的排放下降绝对值也分别不超过30万吨和52万吨，约占目前全省排放总量的39%和43%，可见即使针对燃煤电厂实施极为苛刻的环保排放措施，其对环境质量改善的贡献度也不会很大，况且针对电力行业实施的"近零排放"其改造费用非常昂贵，每家电厂改造费用要达到数千万元之多。

其他工业行业的煤炭消费中，煤炭消费主要是通过锅炉产生蒸汽供其在生产过程中进行烘干、催化、加热等工艺使用。根据当前煤炭实际价格看，企业自备燃煤锅炉供热直接成本为150~180元/吨蒸汽；若被燃煤热电联产集中供热机组替代后，其供热的直接成本将提高到约200元/吨蒸汽；若被燃气热电联产集中供热机组替代后，其供热直接成本将提高到约300元/吨蒸汽；若被生物质颗粒或生物质气化技术替代后，其直接供热成本将约提高到250元/吨蒸汽；若企业自行改造天然气锅炉，其供热成本将进一步提高到350~400元/吨蒸汽。根据大量的实地调研，广东省绝大部分用热工业企业对蒸汽价格的极限承受能力约为250元/吨蒸汽，可见绝大部分用热工业企业难以承受以天然气为燃料路线的供热形式，能源替代与环境保护之间存在着显著的矛盾，煤炭消费与环境保护之间需要有效协调。

3. 区域经济发展与煤炭约束的协调问题

从广东省区域经济发展的阶段和特点看，珠三角地区已经进入工业化中后期阶段，经济发展已经从量向质加速转变，煤炭消费的约束在一定程度上可以加速珠三角地区产业转型升级的步伐，但是一个地区的产业发展有其客观规律，很多高附加值行业其产业链下游往往利润率和附加值仍属较低，其对能源价格的敏感程度要显著高于产业链平均水平，若针对某一种能源品种实施过于严格的强约束，可能会对主导很多产业造成一定的影响，因此珠三角地区的煤炭消费约束应着眼于强力压缩不合理煤炭消费的同时，逐步降低现有支柱性产业中煤炭的消费量。

广东省东西北地区目前正处于工业化发展的加速期，能源消费的刚性需求十分旺盛，"十二五"期间，广东省持续推进"双转移"战略，以冶金（钢铁、电解铝）、建材（水泥、玻璃）、陶瓷、印染、造纸、火电、石化等为主的高耗能产业不断进入后发地区，在推进后发地区经济发展水平的同时，也促使其能源消费需求尤其是煤炭消费需求的加快增长。此外，根据广东省21个地市制定的"十二五"国民经济与社会发展规划，"十二五"期间，全省绝大部分地市GDP年均增长速度均高于10%，GDP单耗下降均值17.9%则基本达到全省下降18%的预定目标，其中，广州、深圳、佛山与东莞下降19.5%，珠海、韶关、梅州、中山、江门、茂名、清远与云浮下降17%，其他地市下降18%，比较而言，广东山区、东西两翼等后发地区工业化水平、城市化水平相对较低，其社会经济发展对能源需求仍然具有较强依赖性。因此，东西北地区的煤炭约束应在控制不合理原有煤炭消费的基础上，根据其产业发展的需求合理安排一定的煤炭消费增量。

第三节　天然气扩大利用与价格水平

一、广东天然气利用发展概况

2006年以来，广东天然气利用已经超过12年，到2017年广东天然气消费量达195亿立方米，占全国总量的8.2%，占全省一次能源消费比重为7.8%，略高于全国平均水平。从发展速度来看，广东天然气消费年均增速已从 2006—2010 年间的 61.8% 回落到 2010—2017 年间 10.6%，处于增长的瓶颈期。从发展途径来看，除居民和商业领域能够迅速实现天然气改造，在电力领域和工业领域已基本完成了油改气阶段，逐步向煤改气阶段推进（图 4-1）。

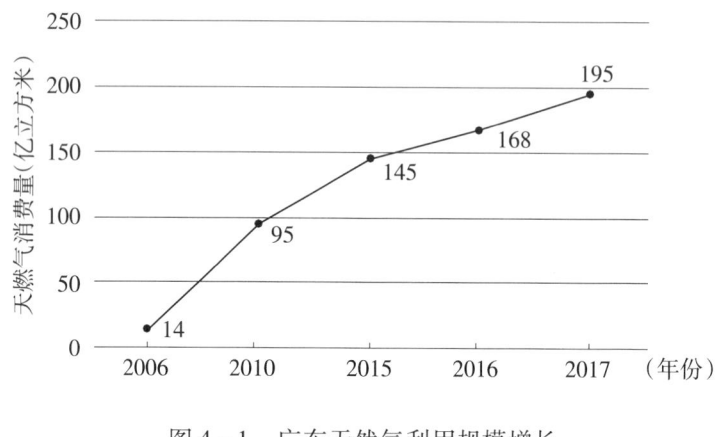

图 4-1　广东天然气利用规模增长

广东陆上天然气资源匮乏，省内天然气主要由南海海气供应，包括珠海横琴海气陆上终端站线项目和珠海高栏海气陆上终端站线项目，约 40% 的天然气依靠国内天然气管道输入及海外进口。其中，省外长输管道供气包括已投产的西气东输二线以及规划新增的西气东输三线和新粤浙管道天然气。已投产 5 个液化天然气接收站，包括深圳大鹏液化天然气接收站、珠海高栏液化天然气接收站、粤东揭阳液化天然气接收站、东莞九丰液化天然气调峰站以及深圳迭福液化天然气接收站，储存能力共计 233 亿立方米/年。"十三五"及中长期，广东将加快推进已列入国家"十三五"能源规划的液化天然气接收站项目建设，包括深圳迭福北液化天然气调峰接收站、粤西液化天然气接收站、珠海黄茅岛液化天然气接收站、汕头液化天然气接收站、汕尾液化天然气接收站、惠州液化天然气接收站、潮州液化天然气接收站、珠海液化天然气接收站（新建）。同时，加快推进天然气调峰储备库项目建设，主要包括广州南沙、阳江、潮州闽粤经济合作区、珠海高栏岛等天然气调峰储备库项目。

二、广东扩大天然气利用的价格约束分析

1. 我国天然气价格政策

自 2005 年开始，中国对终端用气价格进行了多次改革，梳理价格形成机制，下游用户用气价格经历了从定价到指导价再到放开的过程。2018 年 5 月 25 日，国家发改委颁布《关于理顺居民用气门站价格的通知》，打通居民用气和非居民用气的价格体系，推动天然气行业向价格完全市场化迈进重要一步。主要内容包括：①居民用气门站价格水平按非居民用气基准门站价格水平（增值税税率10%）安排；②将居民用气由最高门站价格管理改为基准门站价格管理，供需双方可以基准门站价格为基础，在上浮20%、下浮不限的范围内协商确定具体门站价格，实现与非居民用气价格机制衔接，方案实施时门站价格暂不上浮，实施一年后允许上浮；③供需双方要充分利用弹性价格机制，在全国特别是北方地区形成灵敏反映供求变化的季节性差价体系，消费旺季可在基准门站价格的基础上适当上浮，消费淡季适当下浮，利用价格杠杆促进削峰填谷，鼓励引导供气企业增加储气和淡旺季调节能力；④居民用气价格理顺后，对城乡低收入群体和北方地区农村"煤改气"家庭等给予适当补贴，补贴由地方政府承担主体责任，中央财政利用大气污染防治等现有资金渠道加大支持力度。

未来中国天然气价格改革方向：①中国天然气价格的目标是完全市场化，但是完全市场化需要具备成熟的条件，预计2020年前天然气门站价格不会完全放开；②环渤海、长三角、珠三角地区是中国天然气市场较为发达的地区，比其他地区更为具备价格市场化的条件；③天然气交易中心的价格主要受供需形势影响，最能代表市场化价格，将成为市场的价格标杆。

2. 广东天然气价格的约束分析

广东除大鹏天然气接收站一期工程合同气外，其他管道气源价格

在全国处于较高水平，综合气源价格比北京高约0.3元/立方米、比上海高约0.1元/立方米、比浙江高约0.24元/立方米、比江苏和山东高约0.38元/立方米。同时，省级主干管网输送价格偏高。而且，由于一些城市燃气经营主体和供气层级多，导致城镇燃气配气价格高。从天然气利用成本来看，居民用气方面，广东比浙江高0.50元/立方米、比上海高0.60元/立方米、比江苏高1.1元/方米、比北京高1.3元/立方米；商业用气方面，广东比上海高0.6元/立方米、比浙江和江苏高约1.1元/立方米、比北京高1.3元/立方米；工业用气方面，比上海高0.20元/立方米、比浙江高0.13元/立方米、比北京高0.34元/立方米、比江苏高0.4元/立方米。

从扩大利用天然气的成本和产业承受能力来看：

一是天然气供应环节多，利用成本较高。广东天然气资源主要依靠外地长途调入，途径运、销环节较多，下游终端利用成本较高。省内天然气主干管网运行模式采用代输模式（图4-2），但由于省内主干管网与国家主干管网、城市管网之间定位模糊不清，存在主干管网重复建设，以及与国家主干管网、城市管网争夺重点用户，造成管廊资源浪费、增加收费环节等问题。广东禁止国家主干管网在省内直供，带来省主干管网在邻近国家主干管网场站重复建设问题，并在上游门站及下游城市燃气公司配气站加装计量设备以收取管输费，增加收费环节，推高终端用户用气成本。按天然气基准门站价格2.06元/立方米（可上浮20%）、省管网代输价格0.15~0.2元/立方米和城镇燃气管输费0.2~2.0元/立方米测算，终端用户价格达到2.41~4.2元/立方米。以单位热值的燃料成本计算，天然气是煤炭的2倍以上，天然气在以煤炭为主要燃料的传统制造业和发电行业的竞争力十分微弱，普及率较低。

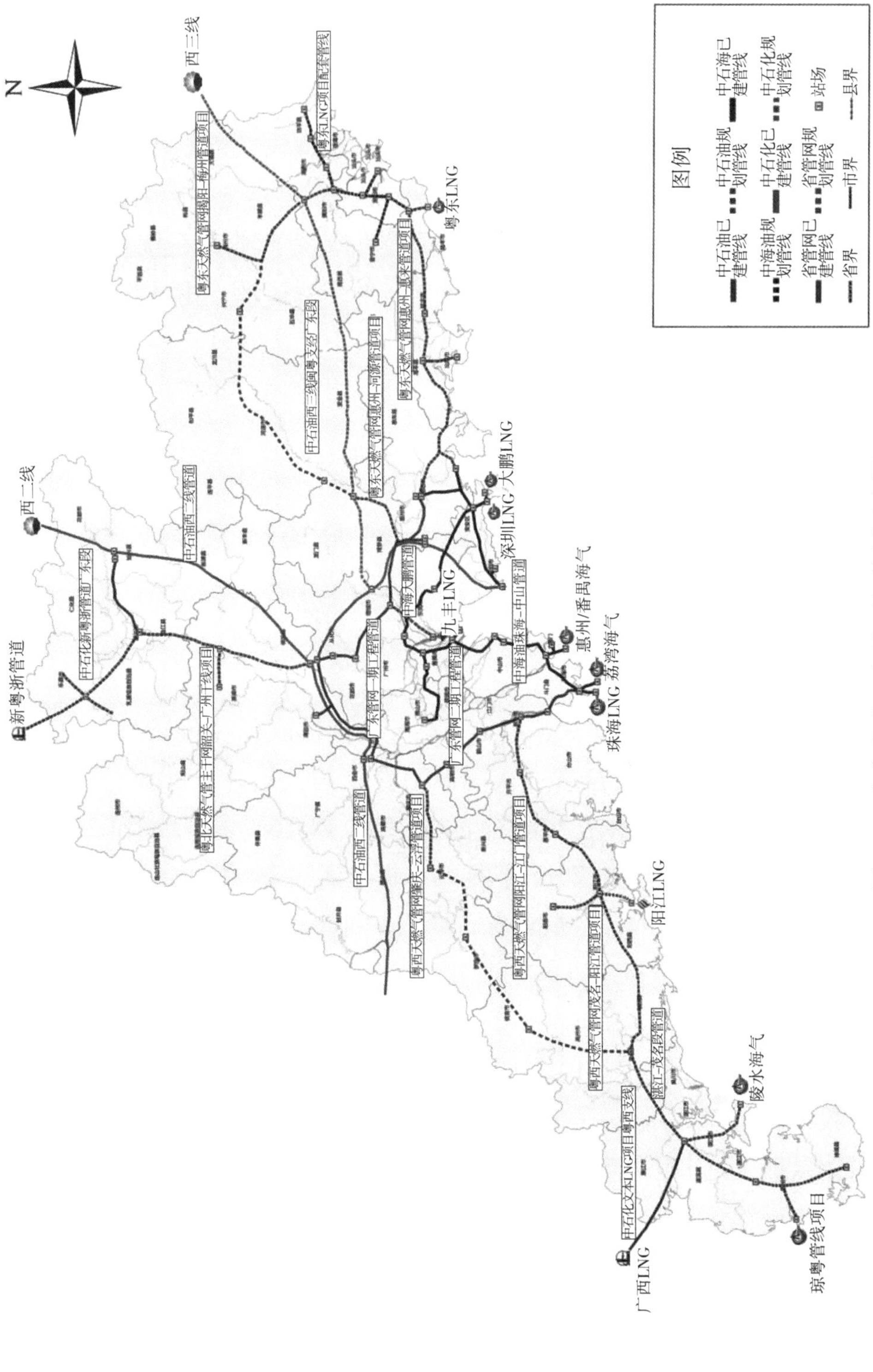

第四章 广东能源低碳化转型发展问题

图4-2 广东省珠三角地区气管网示意图

二是传统产业偏低端，用气承受力较弱。广东仍存在大量传统用热（蒸汽）工业，这些产业大多处于国际产业链分工中的末端地位，属于资源密集型低端产业，产业竞争充分且激烈。由于用热量较大，传统产业对热价的敏感程度普遍较大。其中，珠三角地区的纺织、造纸、建材等传统行业的竞争已趋白热化，加之热价占产品成本高达10%～30%，热价的轻微波动将严重影响传统产业的企业生产运营。按广东"蓝天保卫战"的煤改气要求，纺织、造纸、建材等传统低端产业的热价占产品成本必将大幅提高，由于无法通过转型升级实现新增成本的消化，这些低端工业的煤改气压力较大，面临直接关闭或搬迁的挑战。

第四节 可再生及新能源利用的政策与经济性

一、广东可再生及新能源发展情况

2017年，广东省煤炭、石油、燃气、其他能源（包括西电、可再生能源、核电等）占全省一次能源消费结构比重为38.0%、23.0%、10.1%和28.9%，相比2015年的40.5%、24.6%、8.3%和26.6%，非化石能源消费比重由2015年的20%提高到约22.5%。

"十三五"期间，广东全省布局了一批可再生和新能源利用项目，投产阳江核电5号机组（6号机组进展顺利）、台山核电1号机组（2号机组进展顺利）、深圳抽水蓄能电站等，新增核准近海浅水海上风电项目873万千瓦，其中10个项目共380万千瓦已经开工建设，同时新增投产核电283万千瓦、陆上风电45万千瓦、光伏发电100万千瓦、抽水蓄能发电120万千瓦。建成电动汽车集中式充电站约1296座，公共充电桩约6.7万个，公共充电桩和电动汽车比达1:4，显著高于全国1:8的平均水平。

二、可再生及新能源政策对广东影响

1. 主要政策要求

(1) 2018年"531"光伏新政。

国家发展改革委、财政部、国家能源局于2018年6月1日发布了《531光伏新政》,明确提出2018年不再安排普通光伏电站建设规模,但对于分布式光伏仍然给出了10吉瓦的建设指标。除了财政补贴、建设指标安排等扶持政策外,中央政府各部门还出台了一系列政策解决分布式光伏并网的问题。从发达国家经验看,光伏行业有其自身发展特点,其走势一般是从集中到分布式发展,这是由光伏特点决定的。目前,我国光伏市场存在上网电价下调、弃光限电、可再生能源补贴缺口加大等问题,并且这些问题随着地面电站发展继续伴随左右,短期内这些问题也难以解决。同时,地面电站主要靠领跑者计划拉动,本身装机量已比较有限。而分布式光伏适合安装在工业园区、经济开发区、大型工矿企业以及商场学校医院等公共建筑屋顶,其优点在于靠近用户侧、成本低。另外,屋顶造光伏可以起到隔热作用,既可以省电,又可以产电,一举两得。据推算,中国分布式光伏市场未来具有发6万亿千瓦时的承载能力。在一系列因素催生下,未来更多的新增装机就要靠分布式光伏去实现。

(2) 2019年风电平价政策。

2019年5月24日,国家发改委发布《关于完善风电上网电价政策的通知》,分别对陆上、海上风电上网明确电价,还规定了风电平价上网的时间表。

在电价方面,2019年Ⅰ~Ⅳ类资源区符合规划、纳入财政补贴年度规模管理的新核准陆上风电指导价分别调整为每千瓦时0.34元、0.39元、0.43元和0.52元(含税,下同);2020年指导价分别调整为每千瓦时0.29元、0.34元、0.38元和0.47元。

从变动幅度来看,2019年新核准的陆上集中式风电项目,前三类风资源区的电价比之前的标杆电价降了 0.06 元，第四类降 0.05 元。2020 年新核准的陆上项目，Ⅰ～Ⅳ类风区统一再降 0.05 元。

针对海上风电，2019 年符合规划、纳入财政补贴年度规模管理的新核准近海风电指导价调整为每千瓦时 0.8 元，2020 年调整为每千瓦时 0.75 元。

在平价上网方面，2018 年底之前核准的陆上风电项目，2020 年底前仍未完成并网的，国家不再补贴；2019 年 1 月 1 日至 2020 年底前核准的陆上风电项目，2021 年底前仍未完成并网的，国家不再补贴。并且，自 2021 年 1 月 1 日开始，新核准的陆上风电项目全面实现平价上网，国家不再补贴。

海上风电方面，对 2018 年底前已核准的项目，如在 2021 年底前全部机组完成并网的，执行核准时的上网电价；2022 年及以后全部机组完成并网的，执行并网年份的指导价。

2. 对广东省的影响

一是可再生等清洁能源利用成本高。从目前能源利用实际看，可再生能源和新能源利用成本明显高于煤炭，显著拉高了整个社会用能成本。

二是国家收紧光伏和风电等可再生能源补贴规模并加速补贴退坡，对广东可再生能源发展影响较大。

三是可再生能源规模化利用需要储能等新技术的配套。由于可再生能源具有靠天吃饭的特点，因此在负荷低谷时需要克服弃风、弃水、弃光等问题，以广东风电为例，由于地理特征的原因，广东夜间电负荷低谷时段往往风资源相对较好，这就需要配套相应的储能。

四是新能源利用存着一定技术风险，如当前氢能利用，由于总体处于前期试验阶段，其技术成熟度较低，未来规模化发展仍存在一定不确定性。

三、广东推进可再生和新能源利用

广东可再生和新能源利用推进主要着力于以下几个方面：

一是加快核电建设和核电产业发展，具体应加快阳江核电 6 号机、台山核电 2 号机的建设，做大做强惠州、南沙核电产业基地。

二是推进燃煤电场耦合生物质、污泥掺烧改造，充分利用燃煤电厂的潜力，深入挖掘可再生能源尤其是废弃物的循环利用。

三是推进分散式风电开发，引导开展无补贴平价上网陆上风电、光伏发电项目建设，组织光伏扶贫项目，推进车用乙醇汽油应用。

四是持续推进电动汽车推广应用及充电设施建设，加快氢燃料电池技术研发，推动氢能汽车在公共交通等领域的应用。

第五章

广东能源低碳化发展情景

第一节　广东经济社会发展展望

一、广东社会经济发展的影响因素

广东省是我国改革开放与工业化、城市化进程的缩影，是经济发展最快、实力最强的省份之一，是华南地区、全国以及东南亚经济圈的中心地带。

回顾改革开放至今，广东经济保持着全国 31 个省（区、市）中平均最高的发展速度，多项经济指标雄居全国首位。随着广东工业化进程加快，第一产业比重逐年下降，从 1978 年占 GDP 的 29.8% 下降到 2017 年仅占 4.2%；第二产业增加值从 1993 年起超过江苏居全国第一位，到 2017 年已连续 25 年居全国第一，达到 38 598.55 亿元；从 1984 年开始，广东第三产业增加值已连续 33 年稳居全国第一，到 2017 年达到 47 488.28 亿元，第三产业具有明显优势。

当前，广东省正不断加快产业结构调整，逐步加大第三产业在广东省国民经济中的比重，由 2000 年 44.3% 上升至 2017 年 52.8%。在现代产业中，2017 年广东高技术制造业增加值 9516.92 亿元，增长 13.2%；先进制造业增加值 17 597.00 亿元，增长 10.3%。现代服务业增加值 29 709.97 亿元，增长 9.8%。生产性服务业增加值 24 344.75 亿元，增长 8.8%。民营经济增加值 48 339.14 亿元，增长 8.1%。现代产业发展保持平稳较快的增长态势。

1. 动力因素

（1）经济总体水平领先全国。根据 2017 年广东国民经济和社会发展统计公报显示，2017 年，全省生产总值达到 89 879.23 亿元，同比增长 7.5%，地区生产总值连续 29 年居全国首位，人均地区生产总值超过 8 万元，达到 81 089 元，按平均汇率折算为 12 009 美元，是全国平均水平的 1.36 倍。地方财政一般预算收入为 11 315.21 亿元，增长

10.9%，增幅同比提高 0.6 个百分点。全年进出口总额 68 155.9 亿元，同比增长 8.0%，增幅同比提高 8.8 个百分点。其中，出口额 42 186.8 亿元，同比增长 6.7%；进口额 25 969.1 亿元，同比增长 10.1%。综合来看，广东省经济发展水平处于全国较为领先的地位（图 5-1）。

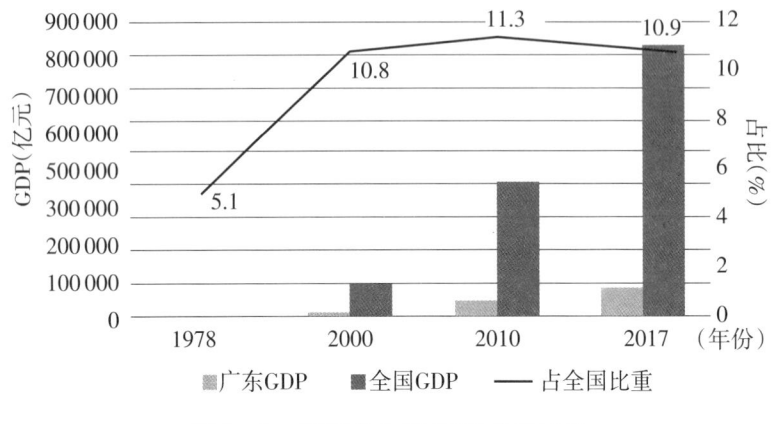

图 5-1 广东占全国 GDP 总量比重

（2）国际化水平保持高位。从 1988 年开始，广东进出口总额首次超过北京居全国第一，到 2017 年已连续 30 年稳居全国第一。2017 年，广东出口 42 186.8 亿元，占全国出口总额 27.52%；进口 25 969.1 亿元，占全国进口总额 20.84%；全省进出口总额 68 155.9 亿元，占全国总量 24.52%，比第二位江苏高 10.12 个百分点（图 5-2）。

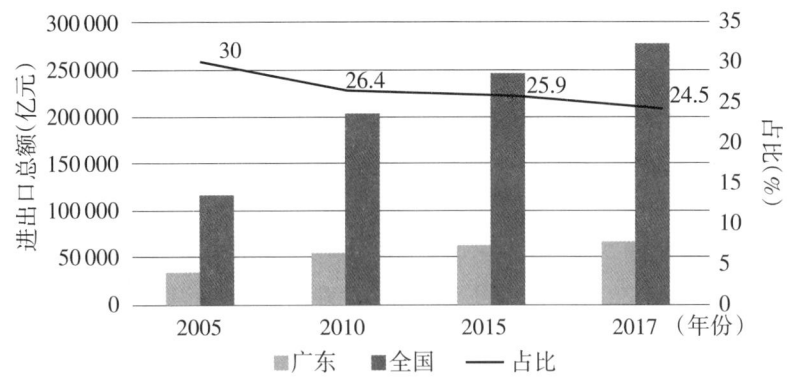

图 5-2 广东占全国进出口总额比重

(3) 消费品市场优势明显。改革开放以来,广东消费市场趋于活跃,从 1981 年开始,全省社会消费品零售总额已开始居全国第一,到 2017 年达到 38 200.07 亿元,连续 37 年居全国第一,占全国总量比重从 1980 年的 5.1% 上升到 2017 年的 10.43%(图 5-3)。

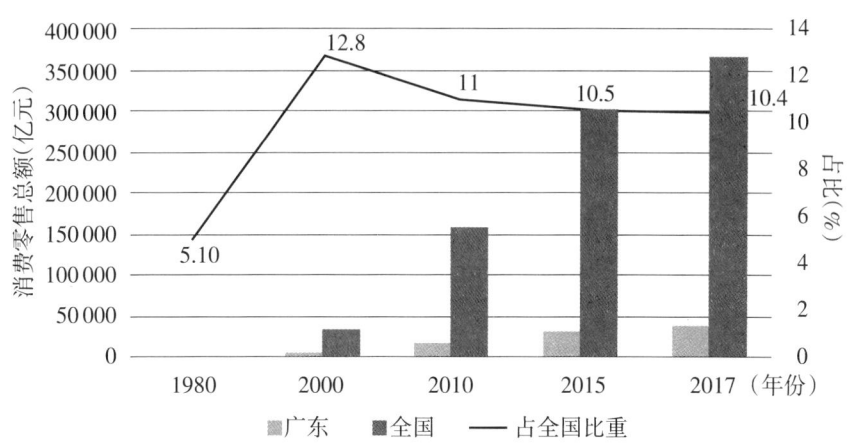

图 5-3 广东占全国消费品零售总额比重

(4) 产业结构优化程度较高。广东产业结构升级步伐在全国处于领先地位。根据 2017 年广东国民经济公报数据显示,广东三次产业结构从 2000 年的 9.1:46.8:44.1 调整为 2017 年的 4.2:43:52.8,三次产业结构层次系数居全国第四位,位列京沪津三个直辖市之后。2017 年广东先进制造业(新口径)和高技术制造业增加值占规模以上工业比重继续提升,达 53.2% 和 28.8%,是全国平均水平的两倍以上(图 5-4)。

(5) 城镇化发展水平较高。广东城镇化水平处于全国领先位置。从 2000 年到 2017 年,广东常住人口城镇化率由 55% 逐步上升到 69.85%,居全国第四位,位居沪京津三个直辖市之后(由于 2000 年之前,城镇化人口统计数据仅指户籍人口,之后则为常住人口,一定程度上导致 2000 年之前人口城镇水平较低)(图 5-5)。

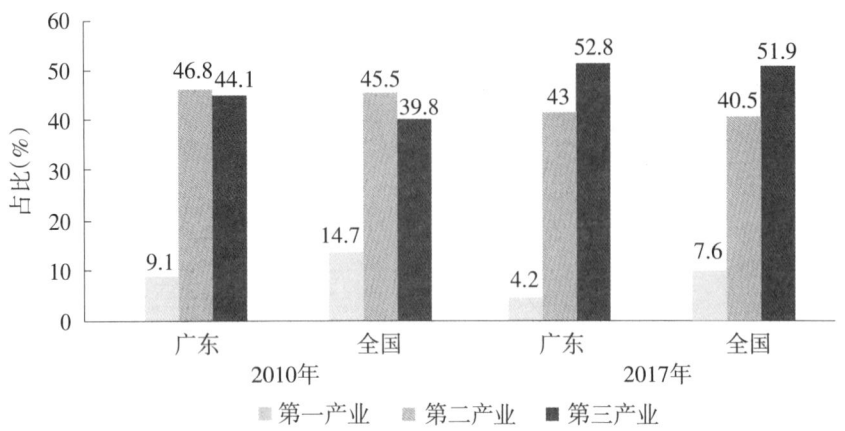

图 5-4　2017 年广东与京沪津三次产业结构比较

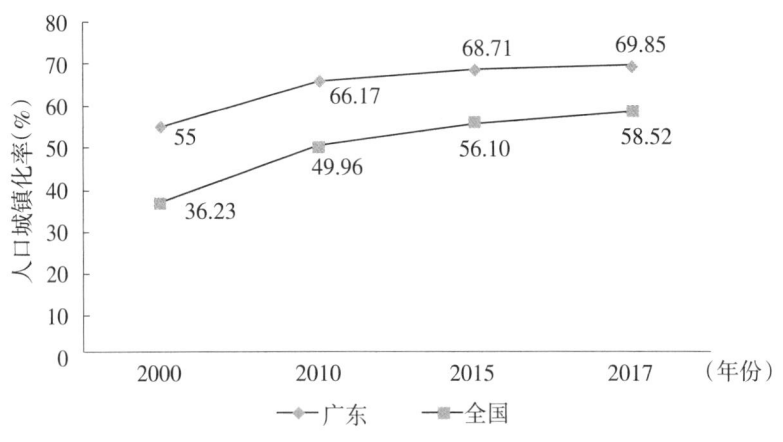

图 5-5　广东与全国城镇化水平比较

（6）科技投入水平明显提升。近年来，广东科技投入水平迅速提升。2010 年到 2017 年，全省 R&D 经费支出由 808.75 亿元增长至 2343.63 亿元，位居全国第一位。全省 R&D 占 GDP 比重上升也由 2010 年的 1.74% 上升到 2017 年的 2.61%，超过全国平均水平 2.13%（图 5-6）。

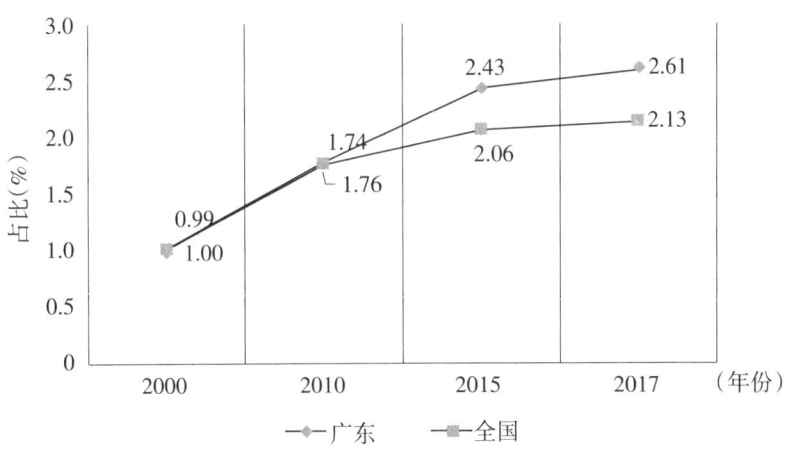

图 5-6　广东与全国 R&D 经费支出占 GDP 比例

2. 约束因素

改革开放以来，广东经济发展的高速增长是建立在要素价格扭曲、资源能源高消耗、环境污染代价等基础上的粗放式工业化道路和模式上的，在资源和环境约束强化条件下不可持续；之后国际金融危机时期，依赖出口实现高速增长的特定国际经济环境难以重现，外部需求对经济增长的拉动作用将明显减弱。

从影响广东经济社会发展的深层次因素来看，广东已经或仍将面临一系列的风险和挑战，例如多数产业处于国际产业分工的低端，自主创新能力不强；过度依赖投资和出口，总需求结构不协调；能源资源保障能力较弱；土地开发强度过高，利用率不高；城市化滞后于工业化，城市化水平不高；地区差异明显，区域发展不协调，等等。在经济增长的主要贡献要素中，其约束条件如下：

一是人口结构的变动和人口红利的消失。丰富廉价的劳动力资源是支撑广东经济尤其是制造业快速增长的重要因素。全国劳动力供给的数量在 2013—2015 年期间出现逆转，从增长转为下降，人口红利逐步消失。加之近 10 年来，我国各省市的产业发展格局已基本确定并具雏形，以往从外省流入广东的劳动力资源出现了明显的回流态势。尽管广东省作为全国劳动力输入省，红利消失时间可能还会推迟一些年份，但还是会面临劳动年龄人口逐年下降以及劳动力供给增速下降的趋势，其后果是依靠人口红利维系的制造业竞争力及其在全球分工体系中的优势地位正逐步消失。

二是土地资源的结构性约束严重。从实现全省经济发展总体目标来看，"十二五"时期广东需新增建设用地17.67万公顷，比照土地利用总体规划存在8.67万公顷缺口，供需矛盾十分尖锐。加之，产业转移背景下，广东省将呈现珠三角产业附加值高、土地资源稀缺和外围地区工业重型化、土地利用粗放的结构性问题，进而约束全省经济发展方式转型和产业结构升级。

三是生态文明要素和能源资源的约束力度加强。在生态文明理念指导下，区域经济发展日益重视人与自然、人与人、人与社会的和谐共处，对于能源领域，将特别注重发展低碳清洁能源、控制化石能源消费总量和推进节能减排。但是，广东经济发展依然处于工业化中期向后期过渡的阶段，加之能源供给几乎完全依赖进口和以煤为主的消费结构的现实格局，如何协调经济增长、能源消费刚性需求与控制能源消费总量、低碳发展的关系，将对广东省率先实现"双百"目标带来巨大的挑战。

四是资产增长率放缓。过去由于人口红利，大量农村闲置劳动力供给到二、三产业，使劳动报酬长期保持在相对低的增长速度上，从而使资产总额过去20年以年均增长15%左右的较高速度增长。今后由于人口红利时代很快结束，劳动报酬将会较快速度提高，从而减缓资产增长速度。

五是全要素生产率（技术进步）增长速度将会放缓。作为后发的国家和地区，具有的后发优势是通过学习先进国家的技术和管理经验，形成发展的加速度。但广东发展水平越靠近先进国家，差距越缩小，广东可以学习引进的技术和经验就越少，将越来越多的依靠自主创新，而自主创新的难度比学习引进要大得多。

六是社会流动性低的状况可能导致社会结构的刚性加剧。一方面，改革开放以来中国社会阶层分化加速,各阶层之间的边界正在变得越来越清晰;另一方面,权力、经济和文化三大资源呈现向上层集中的趋势,处于较低社会地位的社会阶层向上流动的渠道收窄,难度越来越大,社会结构的刚性有加大的趋势。这种状况给社会稳定带来隐患,从而可能对未来经济增长造成巨大的阻碍。

二、广东社会经济发展总体目标

1. 宏观经济发展目标

根据《广东省国民经济和社会发展第十三个五年规划纲要》,按照全省"三个定位,两个率先"总体目标,确定2018年为广东省率先全面建成小康社会的目标年。预计全省经济保持中高速增长,到2020年GDP约11万亿元,"十三五"年均增长7%。此外,《珠三角规划纲要实现"九年大跨越"工作方案》要求,珠三角2017年率先全面建成小康社会取得决定性成效,地区生产总值年均增长9%以上,人均地区生产总值达到115 600元(2010年价)以上,服务业增加值比重达到54%,城乡居民人均收入比2010年翻一番。《关于进一步促进粤东西北地区振兴发展的决定》要求,粤东西北到2020年各市地区生产总值实现比2010年翻一番,人均地区生产总值分别达到或超过全国同期平均水平。

(1) 生态环境发展目标。到2020年,广东省单位生产总值能源消耗降低17%以上,单位生产总值二氧化碳排放降低20.5%。主要污染物排放减少量达到国家下达的约束性指标要求,大气环境质量、重点流域和近岸海域水环境质量得到改善,PM2.5年均浓度控制在35微克/立方米以下,重要江河湖泊水功能区水质达标率提高到83%以上,地表水水质优良(达到或优于Ⅲ类)比例达到84.5%以上,饮用水安全保障水平持续提升;城镇生活污水处理率达90%以上,城镇生活垃圾无害化处理率达95%以上;全省森林覆盖率达60.5%,城市人均公园绿地面积达17平方米以上,实现居民出行半径500米范围内有绿色公共空间，形成覆盖全省的绿道网络。地级以上市全部建成国家或省级园林城市；全省绿色建筑占城镇新建建筑比例达60%。

（2）城镇建设发展目标。到2020年，广东省城镇化率每年提高0.6个百分点左右，达到71.7%，继续稳居全国前列；现有人均住房建筑面积13平方米以下的城镇低收入困难家庭的住房保障得到全面解决，完成200条"城中村"的更新改造；80%以上的地级以上市达到国家环保模范城市要求，50%以上的地级以上市达到国家级生态城市的建设要求；建成1800个宜居社区，新开工建设保障性住房76万套，基本建成保障性住房80万套。

（3）基础设施建设目标。根据"十三五"规划纲要和各专项规划，"十三五"时期广东省共安排重要基础设施建设项目543项，总投资约4.8万亿元。"十三五"前两年重要基础设施建设总体进展顺利，重点推进公路、铁路、机场、港航、城建、能源、水利、环保等八个方面项目建设，完成投资1.27万亿元，为"十三五"时期计划投资的26%。建成深圳蛇口邮轮母港客运枢纽、东莞虎门站客运枢纽、空港经济区骨架路网系统、珠海主城区自行车系统及广州、深圳、珠海、佛山等地海绵城市规划等147个项目，新开工建设深圳地铁二号线三期、中山地铁一号线一期、东莞地铁一号线、广州白云国际机场综合客运枢纽、广州市东濠涌深层排水隧道工程等110个项目。

（4）交通体系发展目标。到2020年，广东省综合交通网总里程约达25.5万公里，基本建成覆盖全省、辐射泛珠、服务全国、连通世界的现代化综合交通运输体系，国际综合交通门户低位基本确立，实现"12312"交通圈。建成一批服务高效的综合运输枢纽；城际轨道交通网覆盖珠江三角洲9个地级以上市并延伸到清远市区，高（快）速铁路贯通东西北地区，全省轨道交通营运里程达到5500公里；实现县县通高速公路，全省高速公路通车里程达到11 000公里；农村公路通行能力和服务水平进一步提高，建设25 000公里社会主义新农村公路；珠江三角洲高等级航道网基本建成，全省内河三级以上航道通航里程达1400公里；港口运输能力适应经济发展需求，货物年综合通过能力达20亿吨以上，集装箱年综合通过能力达6500万标准箱；扩大油（气）管网覆盖面，管道里程达7000公里；枢纽机场、干线机场和支线机场高效协作的民用机场布局基本形成，旅客年吞吐能力达1.4亿人次；中心城市轨道交通网络初具规模，全省城市轨道交通运营里程约达1100公里，基本形成安全、舒适、便捷的综合客运体系和开放、高效、可靠的综合货运体系。

2. 经济社会发展展望

在经历20世纪90年代到2007年的高速增长后，目前广东省正处于工业化中期向工业化中后期过渡阶段。从发展阶段看，广东与1973年前的日本以及90年代初期的韩国基本相当，2008年国际金融危机后，广东经济增长主要依靠外需和投资拉动的模式难以为继，调整与转型已成为未来一段时期广东经济社会发展的主调。从增长潜力看，未来一段时期人口红利时代行将结束，劳动报酬将会较快速度提高，资本存量增速将逐年回落；考虑到广东技术创新、制度创新以及管理创新的能力，创新驱动将成为未来广东经济增长的主要动力。

基于国际经验、增长潜力分析以及国际金融危机形势，综合判断，预计2011—2020年广东省GDP年均增长8.9%，到2020年全省GDP将超过10万亿元（2010年价）；2021—2030年年均增长6.5%左右，到2030年全省GDP超过20万亿元，人均GDP达到2.5万美元，达到当前发达国家水平；2030年之后，广东经济持续平稳发展，到2050年预计GDP将超过40万亿元，人均GDP接近5万美元。

未来10～20年广东将加快推进产业结构升级，最终完成工业化。参考国际经验，广东第一产业比重将继续下降，预计到2030年将降至2%左右。随着工业化基本实现，第二产业比重将逐步回落，2011—2020年广东仍处在重化工业阶段，工业仍保持较快增长，但比重开始下降，预计到2020年回落至47%。

随着广东工业化完成，经济社会达到当前发达国家水平，未来产业结构继续优化,第三产业比重还将进一步增加,到 2050 年预计将超过 65%。

由于广东人口生育峰值已过,未来 40 年广东人口总量在自然增长的基础上加上转移进来的人口,仍处于稳定增长期,增长速度将有所放缓。预计未来广东人口将从 2010 年的 1.05 亿增长到 2020 年的 1.14 亿人,2030 年达到 1.25 亿人,年均增长为 0.88% 左右(自然增长率 0.6% 左右);到 2050 年将进一步增至 1.4 亿人左右。

伴随着广东省经济发展和工业化逐步完成,城镇化进程也相应加快。预计 2030 年广东城市化率将从 2010 年的 64% 提升至 82%~84%,每年增加 0.9~1 个百分点;2030 年之后城市化率还将继续提高,预计到 2050 年将超过 90%。

三、广东社会经济发展阶段预测

未来广东经济社会发展具有巨大的潜力,同时,也面临资源环境压力加大、人口老龄化问题以及人民币升值、外需不足等一系列严峻挑战。通过分析认为,到 2050 年广东省经济社会发展将经历三个阶段。

第一阶段(目前至 2020 年):仍处在工业化和城市化"双快速"发展阶段。以住房、汽车为主的居民消费结构升级继续带动产业结构优化升级,工业化快速发展带动城市化快速推进,城市化快速推进为工业化,尤其是为重化工业发展提供了空间。经济总量较快增长,工业尤其是重工业占 GDP 的比重不断提高,高耗能产业比重稳中有降,高加工度、技术集约化制造业比重不断上升,在"十三五"后期基本实现工业化。同时,城市化以每年约 0.8 个百分点速度推进。

第二阶段(2021—2030 年):将处于工业化进程相对稳定和城市化继续较快推进的"一快一稳"发展阶段。经济增长步伐放慢,工业占 GDP 比重逐步下降,工业内部结构进一步优化,高耗能产业比重下降,高加工度、技术集约化制造业比重进一步提升。在"十五五"后期基本完成工业化。第三产业超过工业成为拉动经济增长的主动力,以技术服务、物流业、金融业为代表的现代服务业将得到迅猛发展。随着城市化率和生活水平的不断提高，居民消费结构继续升级，教育、文化、体育、娱乐、旅游等高端的生活服务将有极大发展。

第三阶段（2030—2050年）：整体将进入后工业化阶段。广东省将处于工业化进程相对稳定和城市化稳定推进的"双稳"发展阶段。经济增长步伐放慢，工业占GDP比重继续缓慢下降，工业内部结构进一步优化，高耗能产业比重持续下降，技术集约化产业比重持续提升。第三产业继续保持拉动经济增长的主动力，现代服务业仍保持一定的增长态势。随着城市化率和生活水平的进一步提高，居民消费结构继续升级，文化、教育、体育、娱乐、旅游等高端的生活服务仍保持较快的增长势头。随着第三产业比重的不断继续上升，以职能化公共服务为特征的所谓第四产业（以第三产业延伸为主）也逐步发展起来，如教育、文化、广电、卫生、体育、民政、环保、国防、司法、治安、社会保障、计生、宗教及民族事务等具有社会公共性和行政管理职能性的产业等。

四、广东社会经济不同发展阶段图景

1. 经济增长速度

从发展历史看，改革开放以来，广东经济大致经历了轻工业主导阶段和重工业主导阶段，在1991—1995年达到年均递增19.6%的最高增长年份，此后增幅逐步下降。"十二五"前4年全省年均增长为8.6%。参照日本、韩国经验，预计2016—2040年广东经济将继续保持稳定增长趋势，但年均增幅将继续逐步下降。

从发展阶段看，广东经济将经历两个阶段：一是基本实现工业化阶段（2016—2020年），在此阶段工业化和城市化"双快速"，经济仍保持较快增长，产业结构加快升级，工业内部中重工业占GDP的比重不断提高，高加工度、技术集约化制造业比重不断上升；二是完全实现工业化阶段（2021—2040年），在此阶段工业化进程相对稳定和城市化继续较快推进，产业结构进一步升级，第三产业超过工业成为拉动经济增长的主动力，经济增速相对放缓。总体上来说，在工业化和城市化的推动下，经济稳定增长，但经济增速逐渐趋缓。

从发展环境看，经济的潜在增长能力主要来自于各种生产要素的供给能力，包括劳动力的充分供给程度、资本积累的程度、土地供应的程度、生态环境承载力以及生产率提高的潜力等。过去广东省经济高速增长的动力主要来源于廉价劳动力、土地和能源的投入，以及大规模资本和固定资产投资，但由于投资回报率的降低和资源环境要素对经济增长的约束加强，广东省未来经济增长的前景主要取决于能否通过技术进步和生产率的提高，部分抵消资源环境约束对经济增长的负面影响。需要特别注意的是，粤东西北地区人均 GDP 到目前仍未达到全国平均水平，12 个地级市中只有阳江超过全国平均水平，但粤东西北地区的土地资源相对丰富且环境承载能力相对比珠三角更强，其经济增长潜力较大，对于广东省整体保持经济稳步增长至关重要。

按照潜在增长率法，综合考虑广东省过去 30 余年年均经济增速、社会发展阶段性特征和未来资源环境约束加强对经济增长的负面影响的趋势，设定广东省"十三五"到 2040 年经济发展的三个情景（表 5-1）。

表 5-1 经济增长潜力情景及预测

情景	实际值（%）		预测值（%）			
	2011—2014 年	2014—2015 年	2016—2020 年	2021—2025 年	2026—2030 年	2031—2040 年
基准情景（A）	8.6	8.1	7.0	6	5.5	3.5
高情景（B）			8.0	7	6.5	4.5
低情景（C）			6.0	5	4.5	2.5

基准情景（A 情景）：假设珠三角依靠强大的经济实力，科技创新能力显著提高，高附加值与高技术含量的先进制造业，以及金融、物流、会展、商贸等现代服务业成为其经济增长的新动力，调结构转方

式取得较好效果,有效协调经济增长和生态环境约束的矛盾,但粤东西北地区仍然处于工业化中前期阶段,经济增长对能源资源的依赖性强,环境保护和大气污染防治力度不断加大的强约束势必削弱粤东西北地区经济增长的原始动力,考虑"十二五"期末经济新常态发展趋势,预计"十三五"广东省GDP年均增长将达到约7%左右、2021年到2025年放缓至6%、2026—2030年放缓至5.5%、2031—2040年进一步放缓至3.5%。

高情景（B情景）：假设在深化改革刺激经济增长的大环境下,广东省充分发挥自贸区、珠三角规划纲要和促进粤东西北振兴发展决定等重大战略的政策优势为经济持续健康发展注入新的动力,珠三角经济质量效益不断提升的同时,粤东西北地区工业化和城镇化也相应快速发展,广东省经济增长的"活力、速度和效益"全面提升,预计"十三五"广东省GDP年均增长保持8%左右、2021年到2025年放缓至7%、2026—2030年放缓至6.5%、2031—2040年放缓至4.5%。

低情景（C情景）：假设珠三角科技创新能力仍显不足,信息网络行业、金融服务业、重大装备制造等经济增长的新动力发展较为缓慢,且由于严格的生态环境约束以及珠三角部分劳动密集型产品向一些发展中国家和国内一些经济欠发达省市转移,粤东西北地区工业化进程受到严重制约,造成广东省经济增速加快放缓,预计"十三五"广东省GDP年均增长将下降至6%左右、2021—2025年放缓至5%、2026—2030年放缓至4.5%、2031年到2040年进一步放缓至2.5%。

2. 产业结构演变

对于经济分部门的增长,按基准方案下广东经济总量增长潜力为最大约束进行预测。

从产业结构看,改革开放以来,广东产业结构不断优化升级,第一、第二、第三产业的比重由1985年的29.8∶39.8∶30.4升级到2014年的4.7∶46.3∶49。第一产业比重大幅下降;第二产业比重稳步提升,特别是2000年以后,广东步入了重工业加快发展阶段,随着重化工项目落地,广东第二产业比重快速上升,近年来趋于稳定并逐步回落;

同时，第三产业比重稳步上升（表5-2）。

表5-2 广东省产业结构演变历程

单位:%

年份	1985	1990	1995	2000	2005	2010	2014
第一产业	29.8	24.7	14.6	9.2	6.3	5.0	4.7
第二产业	39.8	39.5	48.9	46.5	50.3	50.0	46.3
第三产业	30.4	35.8	36.5	44.3	43.3	45.0	49

未来25年，广东将加快推进产业结构升级，最终完成工业化。对照国际经验，广东第一产业比重将继续下降；随着工业化基本实现，第二产业比重将逐步回落，前5年广东仍将处在重化工业阶段，工业是拉动经济增长的主要产业，但比重相对下降；后面20年，第三产业成为拉动经济增长的主产业，第二产业比重将继续加大回落；随着广东经济向后工业化阶段迈进，第三产业比重将逐年上升，提高的幅度快于前5年。

基于上述判断，分产业预测增长率：

第一产业：改革开放以来，第一产业增速逐年下降，由"七五"的年均增长7.3%降为"十二五"前4年的3.4%。未来35年，广东作为人口大省，出于经济社会安全稳定的考虑和国家政策的导向，第一产业仍将保持一定的总量和平稳发展的势头。但相对于第二、第三产业的加快发展，其比例将逐步缩小。预计"十三五"到2040年广东省第一产业增加值的年均增长率分别为2.6%、2.3%、2.5%、1.7%和1.2%。

第二产业："八五"到"十二五"以来广东第二产业增速分别为27.4%、12.1%、15.7%、13.8%、8.2%，增幅较大但逐步回落。受制于资源约束，同时随着工业化进程的推进，产业结构将逐步优化，第二产业增速将逐步慢于第三产业。考虑到第二产业增长有一定的延续性，前5年增长保持一定的增速，中间10年增速才有所放缓，后10年广东进入后工业化，第二产业增速明显放缓。预计"十三五"到

2040年广东第二产业增加值年均增长率分别为6.7%、5.0%、3.5%、2.5%、1.8%。

第三产业:"八五"到"十二五"以来广东第三产业增速分别为17.6%、11.4%、12.4%、11.9%、9.5%,近十几年增速相对稳定。根据国际一般规律,在重化工业阶段,第三产业的比重保持相对稳定。在2016—2020年期间,广东省基本处在重化工业阶段,在城市化的快速推动下,第三产业保持稳定增长。随着工业化基本实现,2020—2030年,第三产业超过工业成为拉动经济增长的主动力,以技术服务、物流业、金融业为代表的现代服务业将得到迅猛发展。此外,随着城市化率和生活水平的不断提高,人们在满足物质产品的需求外,将追求更高级服务(如教育、文化、体育、娱乐、旅游等等),从而高端的生活服务将有极大发展。2030—2040年作为第三产业延伸的公益、保障等相关服务产业将加速发展,且第三产业比例在三次产业比例中将继续提高。预计"十三五"到2040年广东第三产业增加值的年增长率分别为7.6%、7.3%、7.4%、4.3%和4.7%。

3. 社会发展主要指标预测

(1)人口发展与城镇化进程。

人口是影响能源消费的重要因素。根据国家能源局《我国经济社会发展趋势与能源需求重大问题》研究报告预测,中国2020年人口总量将可能增加到14.35亿元,到2030年达14.7亿元,年均增长0.58%,之后增长速度将进一步放缓。据此趋势判断,未来20年,广东人口总量在自然增长的基础上加上转移进来的人口,应仍处于稳定增长期,但增长速度将有所放缓。据有关预测模型[①]的分析,广东人口生育峰值已过,未来20年广东人口增长速度将平稳下降,预计广东人口将从2010年的1.05亿增长到2020年的1.14亿人,2030年达到1.25亿人,年均增长为0.93%左右(自然增长率0.6%左右)。2030年人口

[①]根据复旦大学张力等人的预测模型:常住人口预测模型为双性别确定性动态模型,并假定现行生育政策不调整,预测广东常住人口2010—2020年年均增长0.83%,2020—2030年年均增长0.93%(2000—2010年年均增长为1.96%)。

比2010年增加2000万人，平均每年增加100万人左右。

随着经济发展和工业化进程的加快，城镇化进程也相应加快。据《我国经济社会发展趋势与能源需求重大问题》报告的预测，2020年之前，我国城镇化率将以每年约0.9个百分点的速度快速推进，在2030年前后我国城市化进程逐步趋于稳定。基于此并结合广东发展阶段的分析，预计2030年广东城镇化率将从2010年的66.2%提升至82%~84%，每年增加0.8~0.9个百分点，届时广东城镇人口为1亿人左右，农村人口在2000多万人左右。

（2）居民消费升级水平。

随着工业化和城市化的深入推进，未来居民消费结构将不断升级，对工作环境、生活环境和出行环境的舒适度要求将不断提高。特别是"十二五"以后，广东省人均GDP超过1万美元（2010年价），包括农业在内的劳动生产率将进一步提高，居民消费恩格尔系数将降低至30%左右，全省进入富裕型社会①，居民服务消费将有较大的升级，包括教育、文化、体育、娱乐、旅游等高端的生活服务消费，将有较大的需求增长，结构也将呈较大的改变。

改革开放前期，广东经济发展相当贡献依赖投资拉动，居民消费率持续下降。步入2000年以后，广东居民消费率基本在37%~42%之间波动，2010年为38.5%。未来随着经济转型和居民消费升级，消费将成为拉动经济增长的主动力，居民消费率将大幅提升。经测算，2020年广东居民消费率将达40%（加上政府消费部分最终消费超过50%），2030年为44%，2050年约为50%。

根据潜在增长率法，预计基准情景（A情景）下广东省2020年、2030年、2040年GDP约为97 088亿元、169 808亿元、239 533亿元；高情景（B情景）下广东省2020年、2030年、2040年GDP约为101 710亿元、195 448亿元、303 525亿元；低情景（C情景）下广东省

---

① 根据联合国粮农组织提出的标准，恩格尔系数在59%以上为贫困，50%至59%为温饱，40%至50%为小康，30%至40%为富裕，低于30%为最富裕。

2020年、2030年和2040年 GDP 约为 92 635 亿元、147 334 亿元和 188 600 亿元。

第二节 广东中长期能源消费预测

一、广东未来能源消费需求趋势

1. "十三五"能源消费需求仍然较强

国际经验表明，经济发展水平与能源消费总量经历着增长到下降的倒"U"形曲线的变迁。当一个国家人均 GDP 接近或处于 1 万美元时，其能源消费总量增长正处于高峰期，即抛物线顶端。

（1）新加坡。

当新加坡人均 GDP 从 0.5 万美元（1980 年）增长至 1.2 万美元（1990 年）时，其能源消费总量从 0.14 亿吨标准煤增长到 0.33 亿吨标准煤，增速达到最快阶段；当人均 GDP 从 1.2 万美元继续上升至 2.3 万美元（1995 年）时，其能源消费总量依旧保持高速惯性式增长态势，但增速相对放缓（图 5-7）。

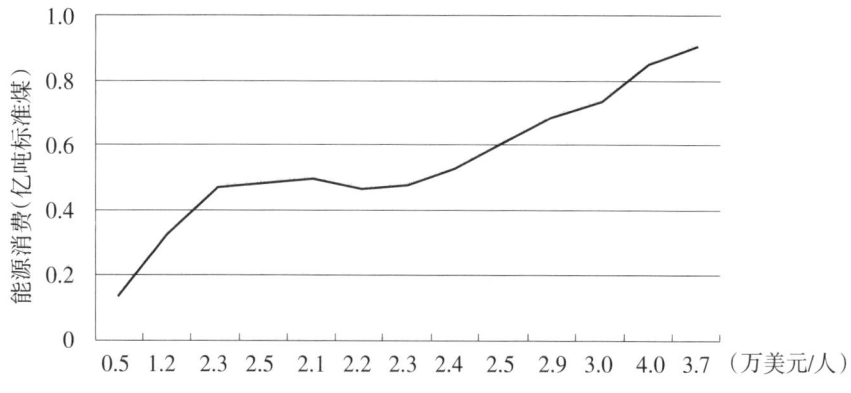

图 5-7 新加坡人均 GDP 与能源消费关系变化

(2) 日本、韩国。

当韩国人均 GDP 从 0.2 万美元增长至 1.1 万美元，日本人均 GDP 从 0.9 万美元增长至 2.4 万美元时，都是其能源消费增速最快的时期，之后进入相对稳定增长阶段（图 5-8、图 5-9）。

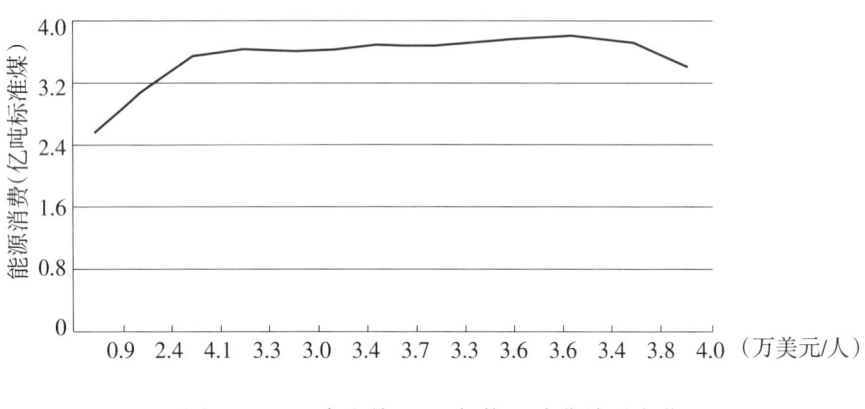

图 5-8　日本人均 GDP 与能源消费关系变化

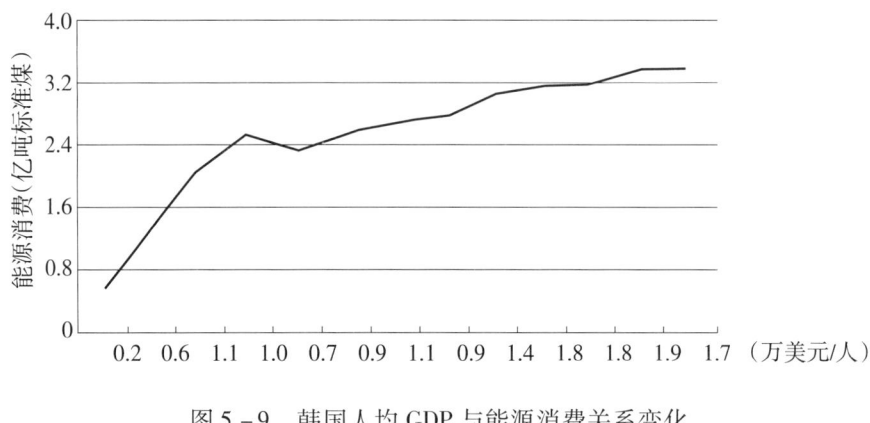

图 5-9　韩国人均 GDP 与能源消费关系变化

(3) 美国。

在 1980—1990 年，美国经济增长速度相当之高，即使人均 GDP 从 1 万美元到 2 万美元时期，其能源消费增长仍保持相当高的速度，当其人均 GDP 达到 3.5 万美元以后，其能源消费需求才逐步进入稳定增长期（图 5-10、图 5-11）。

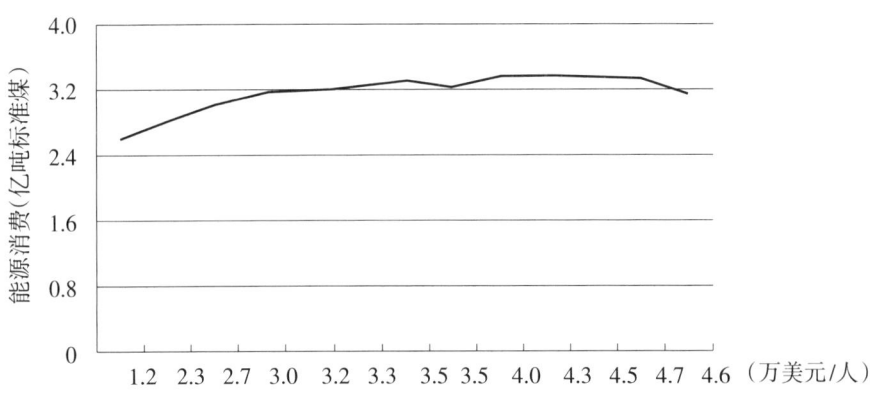

图 5-10　美国人均 GDP 与能源消费关系变化

（4）欧洲。

英国在 1980—2000 年，人均 GDP 从 1 万美元增长到 2.5 万美元，其能源消费需求正处于最快的增长阶段，之后进入相对稳定增长时期。法国在 20 世纪 80—90 年代，人均 GDP 从 1.3 万美元增长到 2.1 万美元，其能源消费需求处于最快的增长阶段，之后逐渐进入稳定增长时期。相应地，意大利等其他欧洲国家的经济快速发展阶段，也是其能源消费需求增长的最高时期，之后则进入相对稳定增长时期（图 5-11、图 5-12）。

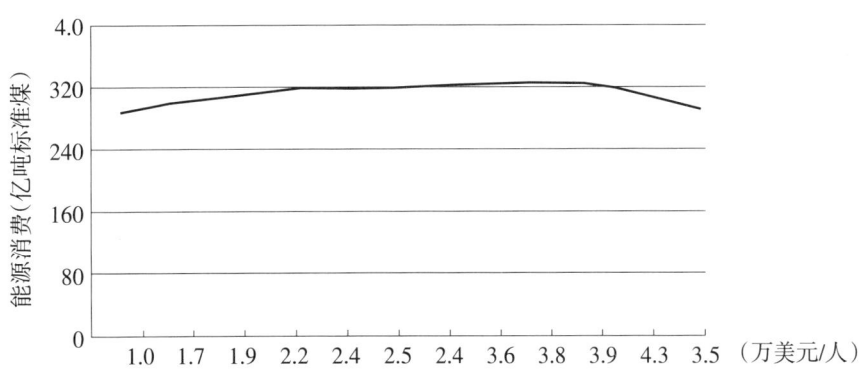

图 5-11　英国人均 GDP 与能源消费关系变化

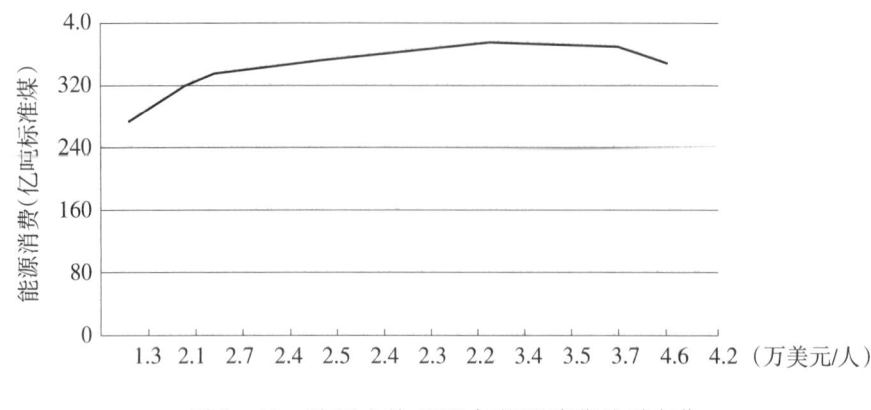

图 5-12 法国人均 GDP 与能源消费关系变化

由此可见，当一个国家人均 GDP 接近或处于 1 万美元时期，其能源消费需求增长正处于最高峰的时段，并且会在一定阶段内保持较强的增长惯性。

广东经济增长与能源消费具有较强的正相关性。2014 年广东省人均 GDP 约 1.03 万美元，突破 1 万美元的阶段，"十三五"时期，广东经济发展进入新常态，预计 2030 年将逐步接近 2 万美元。根据上述分析，"十二五"末和"十三五"时期广东省经济增长对于能源消费需求的正相关性仍然将保持较强的态势，能源消费需求仍将保持较稳定的增长速度。

2. 2021—2030 年能源消费需求逐渐减弱

根据前述分析，欧美发达国家及亚洲地区发达国家在人均 GDP 达到约 2 万美元或略超过 2 万美元时，能源消费虽然仍保持增长，但增长的斜率已开始大大降低，说明由于其产业结构调整升级以及社会发展对各种要素的约束要求不断加强，其经济发展对能源消费需求的相关性已经开始减弱。

2021—2030 年，广东将处于工业化进程相对稳定和城市化继续较快推进的"一快一稳"发展阶段。经济增长步伐将逐步放缓，工业占 GDP 比重逐步下降，工业内部结构进一步优化，高耗能产业比重下降，在"十五五"后期基本完成工业化。第三产业超过工业成为拉动经济增长的主动力,由于第三产业加速发展和第二产业进入稳定期,因此能源需求的增速将明显放缓。

根据国际经验,随着经济发展水平的提高,人均耗能也将不断上升,但上升速度将逐步放缓(表5-3)。

表5-3 发达国家人均GDP与人均能源消费增长关系

地区	人均GDP(美元)	人均耗能增速(%)
新加坡	1.2万~4万	3
韩国	1.1万~1.9万	3
日本	1万~3.3万	2

新加坡:当新加坡人均GDP从1.2万美元增长至接近4万美元时,其人均耗能增长速度明显降低,处于不断放缓的惯性式增长态势,年均增速约为3%。

韩国:当韩国人均GDP从1.1万美元(1995年)增长到1.9万美元(2008年)时,其人均耗能从5吨标准煤/年增长到7吨标准煤/年,年均增长速度为3%,相对前一阶段有所放缓。

日本:当日本人均GDP从1万美元(1980年)增长至3.3万美元(1997年)时,其人均耗能从4吨标准煤/年增长到6吨标准煤/年,年均增长速度达到2%。

由此可见,当一个国家人均GDP从1万美元继续增长到2万~4万美元时期,其人均耗能年均增速为1%~3%,并且会在一定阶段内保持稳定水平。

根据前述分析,预计广东2020—2030年能源消费需求将逐步减缓。

3. 2031—2040年能源消费需求出现拐点

2031年以后,广东经济将进入成熟阶段,产业发展具有显著的工业化特征,人均GDP将超过2万美元。届时,第三产业已成为引领经济发展的绝对主导,第二产业中高度技术密集型产业和无法替代的区域特色产业成为二产的主力支撑,随着第三产业比重的不断增加和第二产业能耗水平的持续下降，全省的用能总量将在 2031—2035 年间出现拐点。

二、广东能源消费需求预测分析

1. 预测基本思路

以基准情景（A 情景）为基础，首先对各领域单位产值能耗进行推算，然后以"经济发展总量×测定单位产值能耗"，来预测未来中长期广东能源的需求总量。最后，再分别按高增长情景（B 情景）、低增长方案（C 情景）进行测算，分别得出三个不同方案的能源消费总量的预测结果，再通过比较分析在基准情景下能源总量预测结果得到每个时期的碳排放总量。

通过对过去 32 年来（1985—2017 年）广东经济社会发展趋势进行分析的基础上，结合经济发展不同阶段变化的规律以及相关约束条件，预测广东未来中长期经济社会发展的前景，确定经济社会各领域（产业部门）未来发展的总量，并根据过去 32 年广东经济社会发展与能源消费及其相关性变化的分析，结合各领域能源消费强度的预测，按照"经济发展总量×测定单位产值能耗＝能源消费总量"的方法路径，对广东未来中长期能源消费总量进行测算。计算公式如下：

$$E = \sum_{i}^{T} \sum_{j}^{n} A_{ij} B_{ij}$$

式中，E 为能源消费总量，A_{ij} 为第 i 年 j 部门的产值，B_{ij} 为第 i 年 j 部门单位产值能耗。

2. 单位 GDP 能耗预测

广东产业发展模式经过从劳动密集型→资本密集型→技术密集型的演进，经历了能源消费强度相对不大至重型工业发展能源消费强度相对较大的阶段，其能源消费增长率也相应呈倒"U"字曲线变化发展。随着发展阶段的演进，在技术进步推动和产业结构不断优化下，同时在节能、环保、低碳等政策调控下，广东能源消费总量增幅在度

过峰值后将进入缓降通道。根据广东省能源发展战略研究,单位产值能耗强度变化如下:

(1) 第一产业。

未来农业科技水平和机械化水平将不断提升。在科技进步及"白色革命"的影响下,该领域的单位产值能耗估计近两年将下降2%左右;此后随着农业机械化应用强度的增加,降幅估计将减缓至1.5%左右。单位产值能耗将从0.19吨降至2030年0.12吨标准煤左右。

(2) 第二产业。

第二产业单位产值能耗预计将从2015年的0.80吨标煤下降至2030年的0.26吨标准煤左右。

其中,高能耗制造业。随着生产技术的提高及产业链的高端化,该领域产品结构和附加值将得到进一步优化提高,以及国家对高能耗产业的约束压力不断加大,在优化产品结构、降低单位产值能耗方面应该有较大的空间,但下降速度由于近5年来已有一个较大的降幅,下降空间收窄,未来降幅将稍微缓行。预计未来前10年单位产值能耗每年平均下降略收窄至5.3%左右,后10年随着产品加工度提高以及产业技术结构进一步调整优化,产品附加值应有所增加,在此趋势下单位产值能耗降幅仍保持在5%左右。

中能耗制造业。该领域未来的工艺技术进步方面有进一步增强的趋势,产品结构的调整方面也可有较大的作为,通过淘汰较高耗能的落后生产能力和优化产品结构等,单位产值能耗仍有较可观的下降空间,因此预计未来20年其将保持年均3.4%左右的降幅。

低耗能制造业。纺织服装、食品饮料等劳动密集型低耗能产业将会继续转型,随着规模化专用设备和大型设备的运用强度增加,单位产值能耗降幅估计会有所放缓。电子信息、电气机械等非劳动密集型低耗能产业仍将是广东的主导产业。由于其生产过程能耗不会太高,且经济产出总量仍有较大的提升空间,预计单位产值能耗将保持可观的下降水平,未来前10年年均应保持3%左右的降幅,后10年下降到一定程度其将收窄至年均2.5%左右的降幅水平。

（3）第三产业。

随着汽车保有量的大幅增长，其能源消费也将大幅上升。但由于各种节能技术和节能措施仍在继续深化，特别是电动汽车等新能源汽车预期在未来 10 年内将得到较大的发展，另外传统机动车节能技术也将有较大的进步，交通领域的单位产值能耗将平稳下降，因此预计第三产业单位产值能耗在最近 5 年年均下降 3.3% 的基础上，加大降幅至 3.5% 左右；后 10 年由于之前的一定降幅使其潜力减弱，预计降幅稍收窄至 3.2% 左右。

综合考虑上述三次产业单位能耗变化趋势和居民消费水平提升、人口总量增加、城镇化率提高的共同作用，预计广东单位 GDP 能耗将从 2014 年的 0.46 吨标准煤/万元下降至 2040 年的约 0.19 吨标准煤/万元。

广东单位产值能耗预测如表 5-4 所示。

表 5-4　广东单位产值能耗预测

能耗 年份 部门	绝对值（吨标准煤/万元，2010 年价）						
	2010	2015	2020	2025	2030	2035	2040
单位 GDP 能耗	0.59	0.437	0.37	0.31	0.27	0.23	0.19
第一产业	0.19	0.17	0.15	0.14	0.13	0.13	0.12
第二产业	0.8	0.66	0.53	0.42	0.35	0.30	0.26
制造业	0.79	0.64	0.5	0.39	0.32	0.28	0.24
高耗能制造业	2.05	1.63	1.19	0.9	0.7	0.56	0.44
中耗能制造业	1.29	1.11	0.9	0.75	0.65	0.56	0.48
低耗能制造业#1	0.45	0.39	0.33	0.29	0.26	0.24	0.21
低耗能制造业#2	0.32	0.27	0.24	0.21	0.18	0.16	0.15
第三产业	0.25	0.21	0.18	0.15	0.13	0.10	0.08
生活消耗	0.17	0.14	0.12	0.10	0.09	0.08	0.07

续表 5-4

能耗\年份\部门	增长率（年均%）					
	2011—2015	2016—2020	2021—2025	2025—2030	2030—2035	2035—2040
单位 GDP 能耗	-5.8	-3.25	-3.2	-3.3	-3.25	-3.4
第一产业	-2	-2	-1.5	-1.5	-0.9	-0.9
第二产业	-3.6	-4.3	-4.5	-3.4	-3.1	-3.1
制造业	-4.1	-4.8	-5.1	-4	-2.9	-2.9
高耗能制造业	-4.5	-6	-5.5	-5	-4.5	-4.5
中耗能制造业	-3	-4	-3.5	-3	-3	-3
低耗能制造业#1	-3	-3	-2.5	-2.5	-2	-2
低耗能制造业#2	-3	-3	-2.5	-2.5	-2	-2
第三产业	-3.6	-3.5	-3.1	-3.3	-4.3	-4.3
生活消耗	-3.5	-3.5	-3	-3	-2.5	-2.5

3. 能源消费需求预测

（1）能源消费总量。

基准情景（A 方案）：根据上述各部门单位产值能耗变化分析结果，结合相对应的经济总量发展趋势综合分析汇总，预计全省能源消费总量未来 25 年增长将呈"前快后缓"趋势。在基准方案下，前 15 年年均增长 2.0%～3.5%，2030 年能源消费总量为 4.52 亿吨标准煤；后 10 年能源消费显著放缓并逐步实现负增长，其中到 2035 年能源消费总量约为 4.55 亿吨标准煤，到 2040 年能源消费总量约为 4.54 亿吨标准煤。预计能源消费总量在 2035 年左右达到峰值，且能源消费峰值约为 4.55 亿吨标准煤。

高情景（B 情景）：根据经济社会发展速度相对较高的方案进行预测，其能源消费先快速增长，后逐渐趋于稳定，前 15 年能源消费年均增速 3.0%～4.5%，预计能源消费总量 2030 年约为 5.2 亿吨左右标准煤；后 10 年能源消费增长逐步放缓，年均增速约为 1%，2040 年将达到 5.76 亿吨左右标准煤，预计能源消费在 2040—2050 年出现拐点。

低情景（C情景）：根据经济社会发展速度相对较低的方案进行预测，预计能源消费总量在2030年左右达到峰值，其中2030年能源消费总量为3.92亿吨左右标准煤；之后能源消费总量持续稳步减少，预计2040年为3.58亿吨标准煤。

广东省能源消费总量多情景比较如表5-5所示。

表5-5 广东省能源消费总量多情景比较

项目	年份	单位产值能耗（吨标准煤/万元GDP，2010年价）	能源消费总量（万吨标准煤）		
			基准情景（A情景）	高情景（B情景）	低情景（C情景）
绝对值	2010	0.59	27 193	27 193	27 193
	2014	0.46	29 593	29 593	29 593
	2015	0.44	30 250	30 250	30 250
	2020	0.37	35 967	37 679	34 317
	2025	0.31	42 099	46 213	38 317
	2030	0.27	49 276	56 679	42 783
	2035	0.23	48 975	59 107	40 507
	2040	0.19	48 676	61 640	38 352
年均增长率	2011—2015	-5.8	2.2	2.2	2.2
	2016—2020	-3.3	3.5	4.5	2.6
	2021—2025	-3.2	2.6	3.6	1.6
	2026—2030	-3.3	2.0	3.0	1.1
	2030—2035	-3.25	0.1	1.1	-0.8
	2035—2040	-3.4	-0.02	0.95	-0.99

（2）能源消费结构变化。

广东一次能源消费结构已从煤和油占绝对比重转变为煤、油、气以及其他多种能源共同发展的格局。未来随着广东在电力生产、原油加工和能源接收及储运等方面加强建设，进一步完善电网、天然气主管网，打造沿海风电带，并通过合理接收西电，安全积极发展核电，加快天然气开发利用，加快风电、太阳能等可再生能源发展，能源消费结构将进一步优化。随着一批沿海 LNG、海上天然气和陆上长输管道来气包括"西气东送"等资源落实和投入运营，广东天然气供应总量将进一步增加。电力作为目前为止最方便、最清洁的首选能源品种，其在经济社会的发展中有着迫切的需求，电力在终端能源消费中将占据越来越大的比重，尤其是随着电动汽车技术的成熟和市场推广，电力在交通领域终端用能中也将逐步增加。

据此趋势分析，广东一次能源消费结构在"十二五"较大调整的基础上，天然气和电力比重将保持持续上升，原煤和原油比重则呈稳步下降的走势。预测广东未来25年的前15年，随着西气接收和核电、风电等新能源的增加，全省一次能源结构中气和其他能源将呈较快增长，煤、油比重呈较大下降趋势；后10年，随着气和电的供应相对稳定，其结构的变化也趋于稳定下来（表5-6）。

表5-6　广东能源消费结构预测

年份		2010	2015	2020	2025	2030	2035	2040
品种结构预测（%）	合计	100	100	100	100	100	100	100
	#煤	44.5	42.1	35.5	31.9	28.6	28	27.8
	#油	27.2	24.6	22.3	22	21.8	21.6	21.5
	#气	7.6	8.5	10	15.1	19.3	19.4	19.4
	#其他	20.7	24.8	32.2	31	30.3	31	31.3
品种需求预测（基准方案，万吨标准煤）	合计	27 193	30 250	35 967	40 908	45 207	45 515	45 472
	#煤	12 101	12 735	12 768	13 050	12 929	12 744	12 641
	#油	7397	7442	8021	9000	9855	9831	9777
	#气	2067	2571	3597	6177	8725	8830	8822
	#其他	5629	7502	11 581	12 682	13 698	14 110	14 233

第三节 广东能源碳排放情景演变

一、广东碳排放预测

1. 碳排放总量

按照"碳排放总量=能源消费量×碳排放系数"的方法路径，根据一次能源消费总量与能源消费结构预测结果，测算广东未来经济社会发展消耗煤、油、气等化石能源产生的碳排放。计算公式如下：

$$C = \sum (\mathrm{EC}_i \times \mathrm{EF}_i)$$

式中：C 为碳排放量，i 为能源种类，EC_i 为能源 i 的消费量，EF_i 为能源 i 的碳排放系数。

基准情景下，到2030年，广东经济发展的能源需求增速放缓，加之煤炭和石油等高碳能源比重逐渐下降，将带来碳排放的缓慢增长。预计在基准方案下，到2020年、2030年、2035年和2040年，广东碳排放总量分别约为5.63亿吨、6.89亿吨、6.85亿吨和6.81亿吨（表5-7）。

表5-7 基准情景下广东碳排放总量预测

年份		2010	2015	2020	2025	2030	2035	2040
碳排放总量（万吨）	煤炭	31 947	33 621	33 708	34 451	34 133	33 645	33 373
	石油	15 385	15 478	16 683	18 720	20 499	20 449	20 335
	天然气	3369	4191	5863	10 069	14 222	14 393	14 379
	合计	50 701	53 291	56 253	63 240	68 853	68 487	68 088

年份		2010—2015	2015—2020	2020—2025	2025—2030	2030—2035	2035—2040
年均增长（%）	煤炭	1.0	0.05	0.44	-0.19	-0.29	-0.16
	石油	0.1	1.51	2.33	1.83	-0.05	-0.11
	天然气	4.5	6.94	11.42	7.15	0.24	-0.02
	合计	1.0	1.09	2.37	1.72	-0.11	-0.12

若在基准情景下考虑严格的环保要求,则在低情景下,广东碳排放总量在2020年、2030年、2035年和2040年碳排放总量分别为5.37亿吨、5.97亿吨、5.66亿吨、5.36亿吨;若在基准情景下考虑宽松环保要求,则在高情景下,广东碳排放总量在2020年、2030年、2035年和2040年,广东碳排放总量分别为5.89亿吨、7.93亿吨、8.27亿吨、8.63亿吨(表5-8)。

表5-8 广东碳排放总量预测多情景比较(万吨)

年份		2010	2015	2020	2025	2030	2035	2040
高情景(B情景)	煤炭	31 947	33 621	35 313	37 826	39 287	40 633	42 289
	石油	15 385	15 478	17 477	20 553	23 594	24 696	25 768
	天然气	3369	4191	6142	11 055	16 369	17 382	18 221
	合计	50 701	53 291	58 932	69 435	79 250	82 711	86 278
低情景(C情景)	煤炭	31 947	33 621	32 162	31 349	29 615	27 809	26 277
	石油	15 385	15 478	15 918	17 034	17 786	16 902	16 011
	天然气	3369	4191	5594	9162	12 339	11 896	11 322
	合计	50 701	53 291	53 673	57 546	59 741	56 607	53 610

2. 碳排放强度

根据经济发展水平和碳排放总量预测结果可知,到2020年、2030年和2040年,广东单位GDP碳排放分别为0.58吨/万元、0.41吨/万元和0.28吨/万元。相应地,预计"十三五"期间广东单位GDP碳排放累计下降24.7%,碳排放强度累计下降逐渐趋于平稳(表5-9)。

表5-9 广东碳排放强度预测

年份	2010	2015	2020	2025	2030	2035	2040
碳强度(吨/万元)	1.10	0.77	0.58	0.49	0.41	0.34	0.28
累计下降(%)	—	-30.1	-24.7	-16.0	-16.7	-16.2	-16.3

二、国际碳排放水平比较

1. 碳排放强度

与当前发达国家比较，2010 年广东单位 GDP 碳排放强度是法国的 7 倍，德国、日本与英国的 4～5 倍，韩国与美国的 2～3 倍（图 5-13）。这主要是因为发达国家一次能源消费结构中煤炭和石油的比重明显低于广东（图 5-14），而且服务业均很发达。理论上来讲，广东单位 GDP 碳排放强度还有较大下降空间。

随着产业结构高级化和能源结构低碳化发展，广东单位 GDP 碳排放强度将不断下降，2020 年较 2015 年下降超过 24%，达到 0.58 吨/万元；2030 年将达到 0.41 吨/万元；2040 年达到 0.28 吨/万元，与 1990 年法国水平和 2005 年英国水平较为接近。2030 年单位 GDP 碳排放比 2005 年累计下降约 69%，超额完成国家峰值目标（60%～65%）。

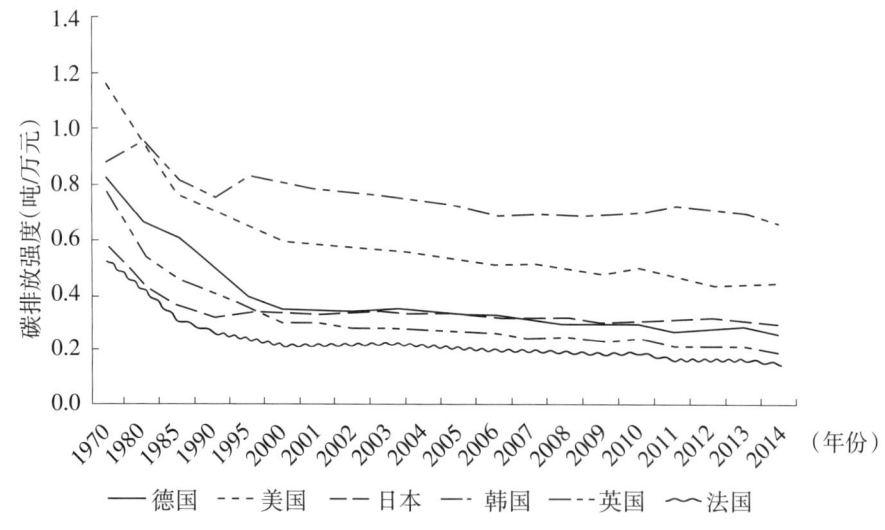

图 5-13 主要发达国家单位 GDP 碳排放变化

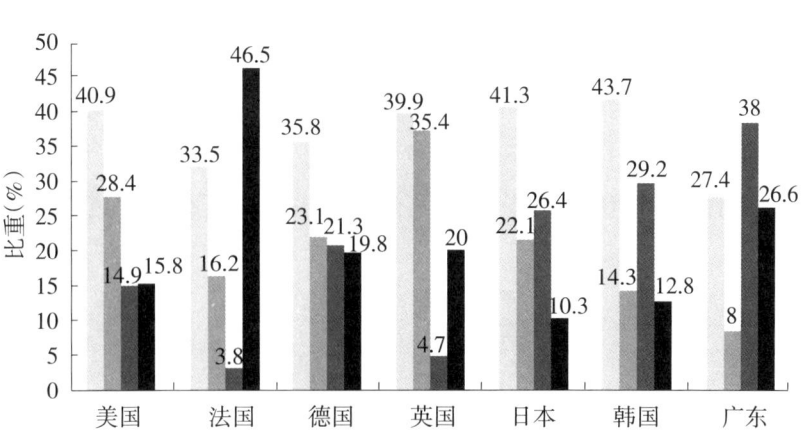

图 5-14 2014 年主要发达国家一次能源消费结构

2. 人均碳排放

与单位 GDP 碳排放强度不同，广东当前人均碳排放强度普遍低于发达国家水平。例如，2010 年广东人均碳排放为 4.86 吨/人，约为美国的 1/3、韩国和德国的 1/2，低出日本和英国 30% 以上（图 5-15）。

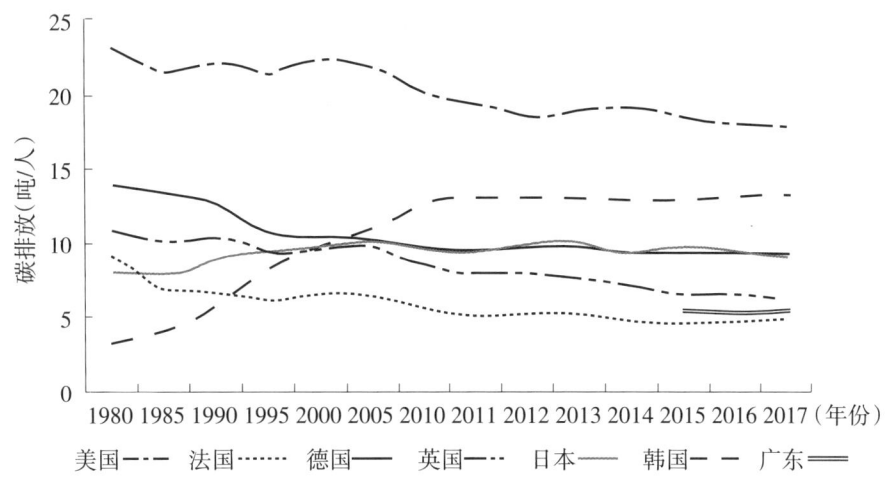

图 5-15 主要发达国家人均碳排放变化

随着城镇化进程加快推进和居民生活水平加快上升，及能源消费增速放缓，广东人均碳排放将持续缓慢增长，2030年人均碳排放将达到峰值，预计比2010年提高13.4%，达到5.51吨/人，相当于法国现在的水平、韩国1990年水平，与实现峰值的发达国家碳减排路径基本一致。

三、广东碳排放峰值分析

伴随经济进入新常态、能源革命的深化影响以及生态环境约束的不断增强，广东能源消费将经历先稳定增长后逐步稳定下降的路径，能源结构不断优化，广东的碳排放也将经历先稳定增长后稳步下降的趋势。分情景来看：

基准情景下，预计广东省能源消费在2035年左右出现拐点，能源消费峰值约为4.55亿吨标准煤；煤炭消费将在2025年左右出现拐点，煤炭消费峰值约为1.83亿吨；石油消费将在2030年左右出现拐点，预计石油消费峰值约为0.69亿吨；天然气消费将在2035年左右出现拐点，预计天然气消费峰值为664亿立方米；电力及生物质等其他能源增速在2030年后显著放缓，预计在2040—2050年出现峰值。伴随能源消费变化，广东省碳排放也将先逐步增长后稳定下降，预计2010—2020年碳排放年均增长1.0%～1.1%，2021—2030年碳排放年均增长1.7%～2.4%，2031—2040年碳排放年均增长约为－0.1%，碳排放总量在2025—2030年出现拐点，碳排放峰值约为6.89亿吨（图5-16）。

高情景下，经济粗放增长引起能源高消费，煤、油、气及其他能源均呈现先快速增长后逐渐放缓的趋势，2015—2040年暂未出现拐点。受能源消费高增长影响，广东碳排放始终保持增长态势，2010—2025年间，年均增速不断增长，2025—2040年年均增速逐渐放缓，但并未出现负增长，预计碳排放在2040—2050年间出现拐点。其中，2040年广东碳排放总量约为8.63亿吨。

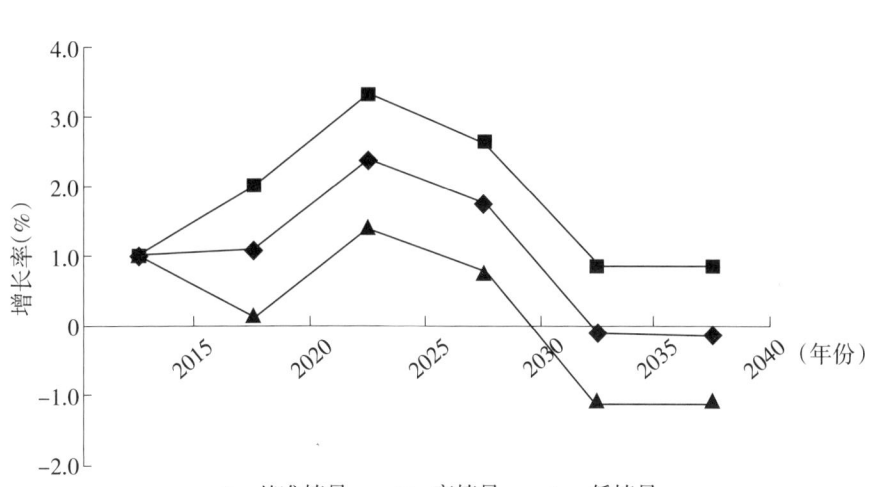

图 5-16　广东碳排放总量的增长率多情景比较

低情景下，经济增速放缓，能源消费减少，碳排放总量稳步减少。预计广东省能源消费在 2030 年左右达到峰值，能源消费总量约为 3.92 亿吨标准煤，煤炭将在 2025 年出现拐点，预计煤炭消费峰值约为 1.66 亿吨；石油、天然气和其他能源消费将在 2030 年出现拐点，预计 2030 年石油消费总量为 0.60 亿吨、天然气消费量为 569 亿立方米、其他能源消费总量约为 1.19 亿吨标准煤。伴随能源消费变化，广东省碳排放也将先逐步增长后稳定下降，预计 2020—2030 年碳排放年均增长 0.8%～1.4%，2030—2040 年碳排放年均增长约为 -1.1%，碳排放总量在 2030 年左右出现拐点，碳排放峰值约为 5.97 亿吨。

总体来看，广东碳排放将在 2025—2030 年之间出现拐点，预计广东碳排放峰值为 6.7 亿～6.9 亿吨。根据 2000—2014 年历史数据及预测数据趋势，拟合广东未来各品种能源消费及经济发展、碳排放趋势如图 5-17 所示。

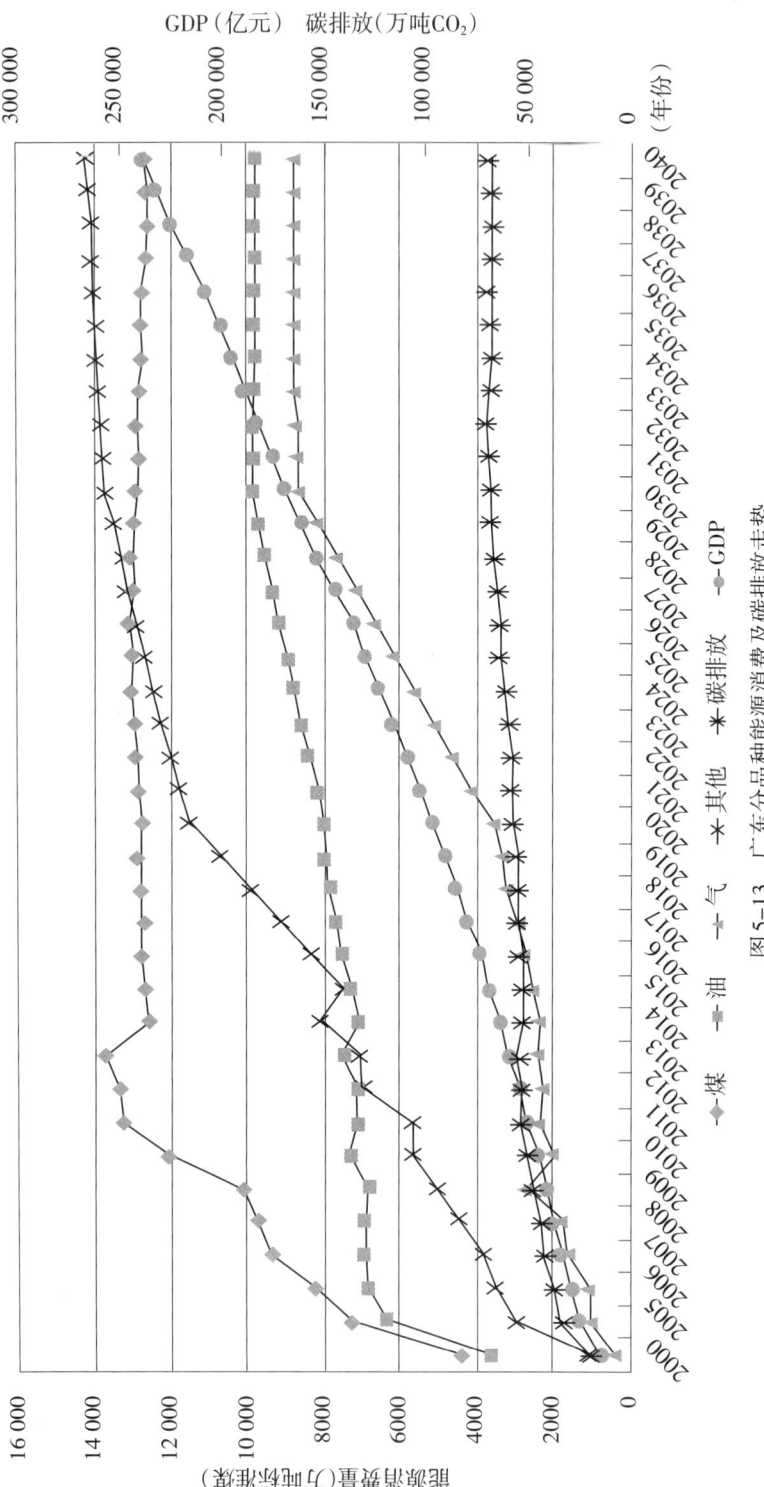

图 5-13 广东分品种能源消费及碳排放走势

参考文献

[1] Ann P. Kinzig, Daniel M. Kammen. National trajectories of carbon emissions: analysis of proposals to foster the transition to low-carbon economies [J]. Global Environmental Change, 1998 (8): 183–208.

[2] Nicholas Stern. Stern Review on the Economics of Climate Change [M]. Cambridge: Cambridge University Press, 2006.

[3] Ugur Soytas, Ramazan Sari, Bradley T. Ewing. Energy consumption, income, and carbon emissions in the United States [J]. Ecological Economics, 2009, 62: 482–489.

[4] Koji Shimada, Yoshitaka Tanaka, Kei Gomic, et al. Developing a long-term local society design methodology towards a low-carbon economy: An application to Shiga Prefecture in Japan [J]. Energy Policy, 2007 (35): 4688–4703.

[5] 国家发展改革委, 国家能源局. 能源生产和消费革命战略（2016—2030）[EB/R]. http://www.ndrc.gov.cn/fzggz/fzgh/ghwb/gjjgh/201705/t20170517_847664.html. 2016-12-29.

[6] 张有生, 苏铭, 杨光, 等. 世界能源转型发展及对我国的启示 [J]. 宏观经济管理, 2015, (12): 37–39.

[7] 何建坤. 全球低碳化转型与中国的应对战略 [J]. 气候变化研究进展, 2016, 12 (5): 357–365.

[8] 齐晔. 能源革命背景下各国低碳转型加速 [J]. 电力设备管理, 2018, (12): 90–92.

[9] 周吉平. 全球能源转型与中国全面深化改革开放 [J]. 国际石油经济, 2019, 27 (1): 34–42.

[10] 胡森林, 林益楷. 破解石油迷局: 直击当前石油热点问题 [M]. 北京: 石油工业出版社, 2016.

[11] 史丹. 全球能源转型特征与中国的选择 [N]. 经济日报, 2016-08-18.

[12] 国际能源署. 世界关键能源数据统计2018 [EB/R]. http://cessn.com.cn/news/show-72967.html. 2018-10-19.

[13] 邹才能. 第三次能源转型的中国机遇 [N]. 石油商报, 2018-11-14.

[14] 杨雷. 全球能源转型: 清洁化、分散化、智能化 [N]. 中国石油报, 2018-2-23.

[15] 李佩聪. 德国能源转型经验对中国的启示 [EB/OL]. https://www.sohu.com/a/231934509_240923, 2018-05-17.

[16] 罗承先. 德国采用电转气技术实现低碳化 [J]. 中外能源, 2017, 22 (4): 20-26.

[17] 英国的低碳化战略 [J]. 中外能源, 2018 (8): 101.

[18] 司纪朋, 张斌. 美国《全面能源战略》解析 [N]. 中国能源报, 2014-09-28.

[19] 吴刚强. 中国天然气价格改革进展 [J]. 国际石油经济, 2018, 26 (11): 25-29, 57.

[20] 国家发改委能源所, 国家可再生能源中心, CIFF. 能源转型趋势2019——中国、欧洲、美国 [EB/R]. http://www.sohu.com/a/307232497_131990. 2019-04-11.